新装版 英会話 1000本ノック

ビジネス編

英会話コーチ
スティーブ・ソレイシィ 著

コスモピア

スティーブコーチからのメッセージ

TRY SOMETHING NEW

日本従来の勉強法は、先に決まった英語を提示されて、そして、覚えていつか使うハズ……ですが、いざとなると英語が出てこない！　という人は少なくないでしょう。それは、あなたが悪いのではく、その勉強法が問題です。ですから、新しい学習法を取り入れると、新しい学習効果が期待できるでしょう。Let's try something new.

ビジネスパーソンに求められる英語スキルとは？

ビジネス英会話に必要な「新しい学習効果」とは、自分の言いたいことをスムーズに口から出せること。ビジネスパーソンは、Time is money ですから、友だちとは違い、あなたが引っかかっている間に待ってはくれません。しかし、わかりやすい基礎的な会話は歓迎されます。なぜなら、わかりやすければ効率の良いビジネスコミュニケーションになり、無駄な誤解も生じにくいからです。本書では、時間内に、短文で言いたいことを伝えるための具体的なアドバイスと返答例を伝授します。

しかし、僕の返答例を覚えてリピートする学習法ではありません。提示された英語を覚えればよいという考えが問題の種。ここで気持ちをあらためてください。提示された英語を理解して、「へえ、そんなんだ。いいこと聞いた」と勉強した気分では何も始まりません。その翌日忘れてしまうのがオチでしょう。

私が提案する英語（返答例）ではなく、この1000本ノックシリーズの新しい英語学習法にコミットしましょう！　簡単な英語でよいので、必ず声に出して自分なりに返してください。自分の言葉で「返答できる」という気持ちを目指しましょう。

その気持ちを実感する、そして効果を得るためには音声が欠かせません。この新装版は、より音声にアクセスしやすくなるよう、音声ダウンロード版（またはアプリから再生）となって生まれ変わりました。

まず、音声をこのように利用しましょう。

Chapter 1の30分の音声で、どれくらい返答ができるかチャレンジ！

Chapter 1には、197ノック(音声の時間にすると約30分)が収録されています。この197ノックを返答例の入っていない問いかけとポーズのみの音声を使って、どれくらい返答ができるか試してみてください。パーフェクトを目指す必要はありません。野球の打率のように、三割の打率があれば殿堂入りできます。Try to reply. Keep trying.

最初は、半分ぐらいしか答えられない人がほとんどのはず。まだ自分で答えることに慣れてないからです。大丈夫です。まず、テキストを少し予習して、できなかったところだけを復習する。ほとんど返答できず圧倒されてしまった人は、１０ノックくらいをテキストで確認し、自分が答えるイメージを持って挑む。そして慣れてきたら、問いかけの英語だけを見て、音声を使って自分の答えを返してください。「返答例は単なる例で、正解ではありません！　自分なりに返してください！」と社長命令のごとくみなさんに伝えたいです(笑)。

本書の到達目標は、「自分で英語を話す」ことですので、そのためには、本書の英語を暗記する必要ことはありません。これをきっかけにあなたがどこまで練習するかがカギです。最後の１０００本まで達成すると、必ず今よりビジネスに通用するスピーキング力が発揮されるでしょう。みなさんが、この新しい学習法で「英語を使った」成功体験、そしてそこから生まれる自信と能力を得られることを心より願っています。

2020年6月吉日
スティーブ・ソレイシィ

＊本書は2011年に刊行された『英会話1000本ノック　ビジネス編』の新装版です。

Contents

Chapter 3 MASTERING TELECOMMUNICATION
電話応対を基礎からマスター

Chapter 4 BUSINESS SCHEDULING
スケジューリングノック

Chapter 5 ESSENTIAL BUSINESS EXPRESSIONS
基本的な文法とビジネス表現をマスター

Chapter 6 FIGURES AND NUMBERS
数字を瞬時に英語に変換するトレーニング

Chapter 7 EXPRESSING BASIC OPINIONS
Yes / No / わかりませんをビジネスライクに言う

Chapter 8 BASIC PRESENTATION SKILLS
プレゼンテーション 準備と本番

Chapter 9 TALK with STEVE
スティーブとトーク

本書の使い方と基本的な構成

本書の構成

本 **1** 冊 (1000 本ノック) ＋トレーニング用音声

＋ 音声（ダウンロード）

練習用ノック 1000 本

テスト用ノック 1000 本

計 2000 本　収録

学習フロー

本書では各ユニットの学習を以下のステップで進めてください。

STEP 1 本で内容を理解
まずは本のノックとリターンの内容をよく確認して、こういう時はこうやって返すんだということを覚える。

▼

STEP 2 ノックに答える
ノックとリターンの内容がだいたいわかったら、リターンの部分を隠し、ノックだけを見てリターンが言えるように練習。

▼

STEP 3 音声（練習ノック）で学習
ノックに対するリターンがイメージできるようになったら、いよいよ音声を使っての学習。まずは模範回答の収録されている練習用ノックを使って、リターンしてみよう。

▼

STEP 4 Knock Test にチャレンジ
最後に模範回答の入っていないテスト用ノックで、自分なりの回答をリターンする練習。 音声学習の最大のポイントは音声のスピードに合わせて答えること。本を見ないで音声のノーマルスピードでコーチのノックにリターンできるようになるまで練習しよう。

音声の使い方

ダウンロード音声（→p.15）は本で紹介されている1000本のノックを模範回答入りでトレーニングできる練習用ノック1000本と、模範回答が入っていないテスト用ノック1000本が収録されています。スティーブコーチとの会話を楽しむつもりで音声を存分に使って練習してください。

ノックの種類

ノックには、コーチが英語を投げあなたが英語で返す英⇒英パターンと、日本語ノックに対してあなたがそれを英語で返す日⇒英の2種類のパターンがあります。

英⇒英パターン

❶ コーチ → ノック	🎧	How have you been?
❷ あなた → あなたのリターン	💬	ANSWER TIME ⇒ここであなたが答えます。
❸ 回答例 → 回答例リターン	🎧	Good, thanks. And you?

日⇒英パターン

❶ コーチ → ノック	🎧	おかえりなさい。
❷ あなた → あなたのリターン	💬	ANSWER TIME ⇒ここであなたが答えます。
❸ 回答例 → 回答例リターン	🎧	Welcome back.

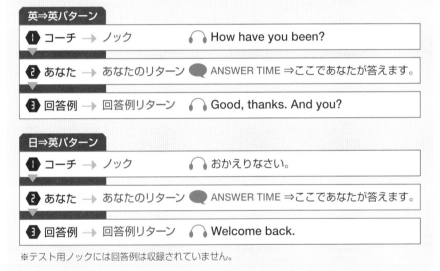

※テスト用ノックには回答例は収録されていません。

日⇒英ノックで日本語ならではのニュアンスをどのように英語に変換するのかを学習し、英⇒英ノックでそのフレーズを実際の会話をイメージして答えてみましょう。

Knock Test の使い方

音声には、練習用ノックの後に Knock Test があります。Knock Test には、回答例なしで練習できるテスト用ノックが収録されています。回答例が入っていないので、コーチとあなただけのマンツーマンの会話をイメージして自分なりの回答を返してみてください。Knock Test は、書籍に掲載している回答例と同じ回答を言うための音声ではありません。会話にひとつだけの答えはありませんから、自分なりのリターンをしてみてください。

音声のならび

iTunes で表示した例

練習ノックのすぐ後に、「__ test」という名前で、同じユニットのフレーズが回答例なしで収録されています。

例）
002_Unit1 → 練習用（回答例入り）
003_Unit1_test → テスト用（回答例なし）

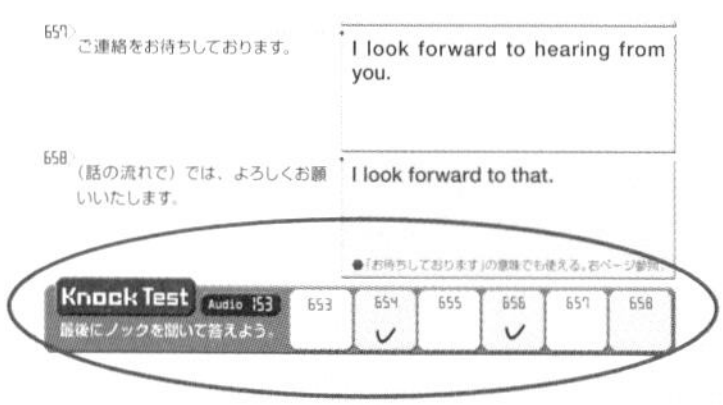

Knock Test の音声では、各ページのフレーズを左記のチェックボックスを使って学習します。どこが答えられなかったか、または、自分で怪しいと思ったノックにチェックを入れていきましょう。

Chapter の構成とねらい

ビジネス英会話の基礎

本書は、読むだけの教材ではなく、実際に英語を自分で発してみるというトレーニング教材です。本と音声を最大限に使って学習をすすめてください。

内容は、Chapter 1～9 までの構成になっています。コミュニケーションの基盤であるあいさつからスタートし、ビジネスシーンで必要な会話の基礎を鍛えながら、1000 本達成するころには、オフィスでのトークからプレゼンテーションでも使える英語力が身についているでしょう。

各 Chapter の説明

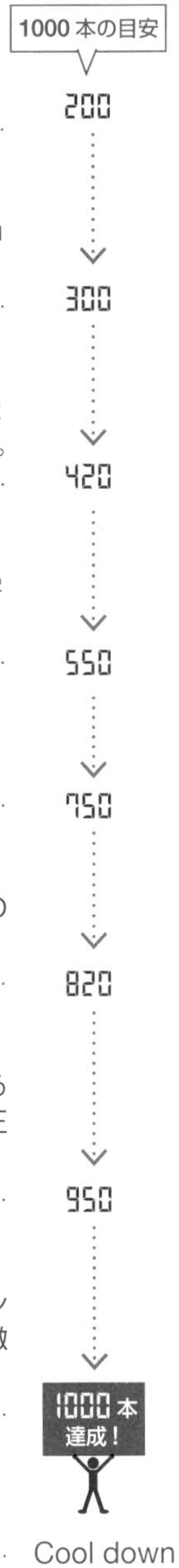

Chapter 1 基本的なビジネスコンタクトを基礎からマスター

基本あいさつや会話のマナーを身につける。

Chapter 2 お礼とお詫びのドレミ

気持ちの深さによって使いわける Thank you.、Sorry. のバリエーションと、Thank you.、Sorry. と言われたときに返すあいさつをゲット！

Chapter 3 電話応対を基礎からマスター

電話応対に必須の聞き返しフレーズや正確に相手に情報を伝えるための技を集中特訓。本物の電話応対のシーンを再現しての練習満載。

Chapter 4 スケジューリングノック

ビジネスでは欠かせない日付や時間の細かい表現方法をしっかり学ぼう。日付・時間は前置詞がカギ！

Chapter 5 基本的な文法とビジネス表現をマスター

とっさに英語を言うための英作文スキルを文法レベルから特訓。

Chapter 6 数字を瞬時に英語に変換するトレーニング

100 万円を英語ですぐに言えますか？　大きな金額や数字もこの Chapter をマスターすれば恐くない。

Chapter 7 Yes /No / わかりませんをビジネスライクに言う

お決まりのフレーズではなく、自分の気持ちに応じた返事を返せるようになろう。Yes. だけではなく、No. と言える力とその礼儀正しい言い方をマスター。

Chapter 8 プレゼンテーション　準備と本番

コーチと対話式で練習する「準備」と、制限時間内にひとりでプレゼンをしてみる「本番」の 2 段階形式で特訓。プレゼンの基礎を徹底的にマスター。

Chapter 9 スティーブとトーク

コーチとマンツーマンのトークを楽しもう。

それぞれの Chapter にはさまざまな練習スタイルをご用意しています。
では、次のページで各練習スタイルについてご紹介します。

ページの使い方

1000本ノックでは、コーチのノックとあなたのリターンが対話形式になるようになっています。基本的なパターンは日本語を聞いて、その英語を答えるパターン（画像左）と、英語の質問を聞いてその質問に対する返事を返すパターン（画像右）になっています。

1 スタンダード形式（日英・英英）

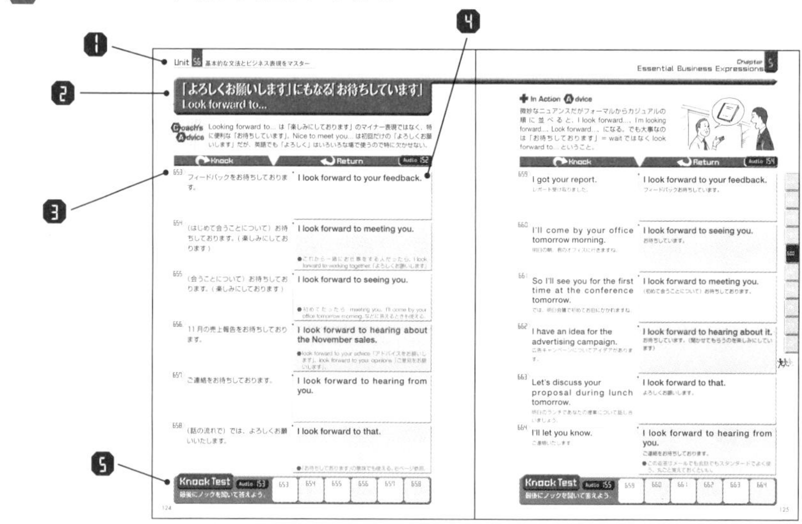

1 ユニット No.：各ユニットを連番で表したもの。

2 ユニット名：学習するフレーズのテーマやシチュエーションを表したもの。

3 コーチ：（左の列）コーチがあなたに向かってなげるノックフレーズ。

4 あなた：（右の列）あなたが答えるリターンの回答例。

5 Knock Test：各ページのノックを、回答例が入っていない音声で練習するときに使用するチェックボックス。

【日本語の訳について】
英語と日本語の表現に差があるものは、意味の訳である意訳（意）と、英語をそのまま日本語に置き換えた直訳（直）のふたとおりを記載しています。

2 ラリー（ダイアログ）形式

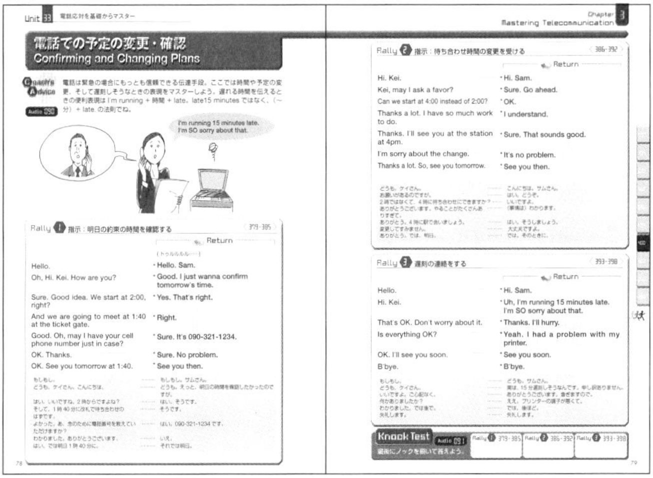

実際の会話をそのままノックにした練習スタイルです。暗記する必要はありません。会話の背景を書籍で確認し、音声を使った練習で実際の会話シーンをイメージして答えてみましょう。

3 ◎×（まるばつ）ノック形式

◎で答える。　×で答える。

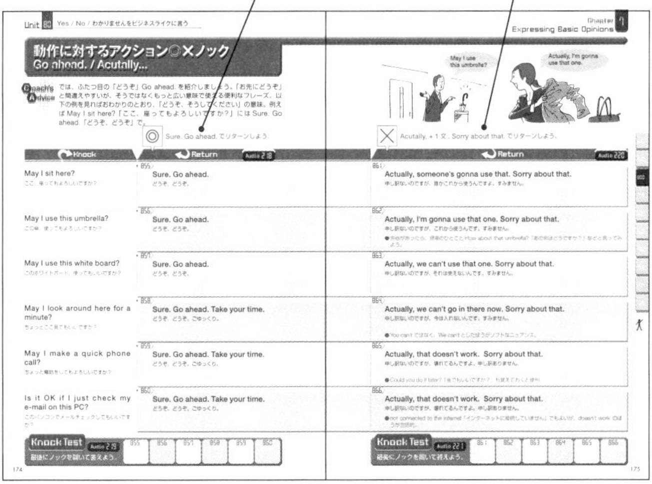

ひとつの質問に対して、ふたとおりの返事を練習します。左ページでは◎の気持ち、もしくは Yes の気持ちを意識して答えます。右ページでは同じ質問に対して、×の気持ちもしくは No. の気持ちで答えてみましょう。

4 プレゼンテーション形式

準備ページ

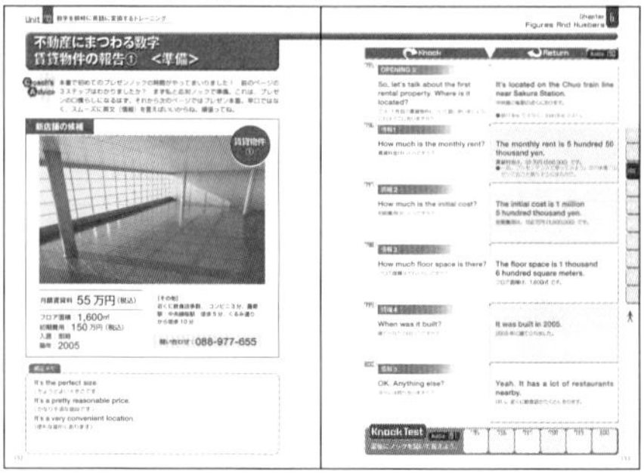

本番ページ

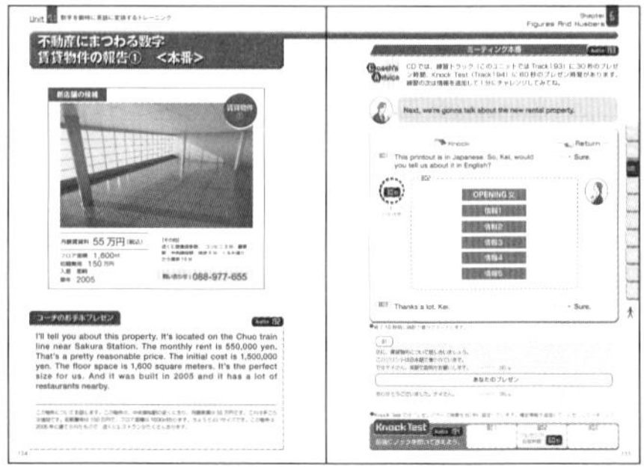

あなたが実際にプレゼンをするシーンを再現した練習です。まず、「準備」のページでプレゼンで使用するフレーズや内容を身につけてから、「本番」のページでのプレゼンに挑戦しましょう。（このページの詳しい説明については⇒ *p.*150 参照）

5 ドレミ形式

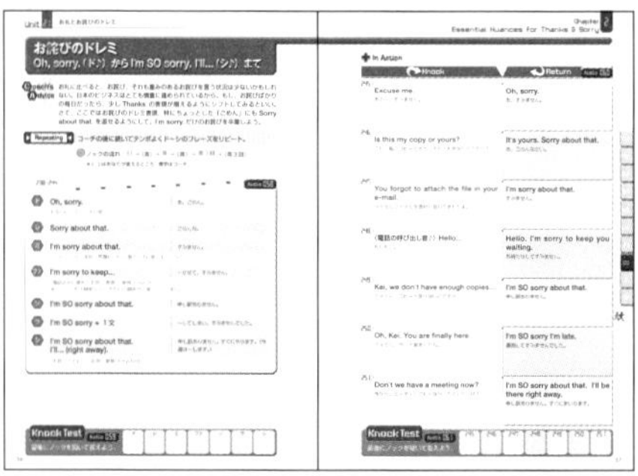

6 ドリル形式

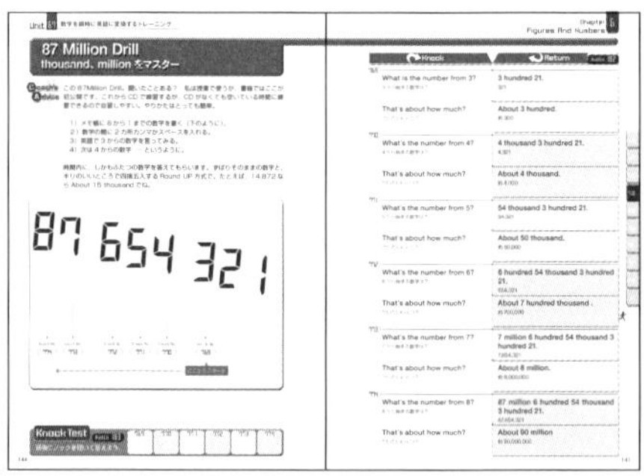

ここで紹介した以外にも各 Chapter ならではのユニークな学習スタイルがあります。お礼とお詫びのフレーズを気持ちの尺度で表したドレミ式のリピートスタイル(⇒ *p.*50) や、桁数の大きい数字を瞬時に英語に変換するための数字ドリル（⇒ *p.*144）など。

本書には 1000 本ものノックが収録されていますから、最後までやりとおすのは簡単なことではありません。学習者のみなさんが、最後まで練習を楽しめるようにCD にもコーチからのメッセージや解説が収録されています。本書と音声を存分に活用して、1000 本達成まで頑張ってくださいね！

スマホでらくらく聞ける！
音声ダウンロードについて

- 本書の音声はアプリ「audiobook.jp」からダウンロードすることができます。
- アプリ「audiobook.jp」では、速度変更やくり返し再生を行うことができます。

＊音声の利用には、連携サイト audiobook.jp での会員登録（無料）が必要です。下記の手順に沿って音声をご利用ください。

このサイトにアクセス！
または「コスモピア シリアルコード」で検索！
https://audiobook.jp/exchange/cosmopier

1 audiobook.jp（ウェブサイト）またはアプリから会員登録（無料）

2 上記サイトで8桁のシリアルコード＊を入力

3 audiobook.jp の本棚からダウンロード
スマホの場合は、アプリ「オーディオブック」から！

＊アプリでご利用の場合のご注意
アプリからはシリアルコード検索ができないため、シリアルコード検索は必ずブラウザ上で上記の URL にてお願いいたします。一度シリアルコードで検索した音声は、アプリに連携され、スマホなどで再生が可能となります。

＊ 8桁のシリアルコード 1000bbiz をご入力ください

PC に直接ダウンロードする場合はこちらから

① 「コスモピアオンラインショップ」に会員登録
https://cosmopier.net/shop/
② ログイン後、左側のカテゴリーの一番上にある「ダウンロードステーション」をクリック。
③ 「ダウンロードステーション」で該当書籍を選ぶ。
ダウンロードしたい音声がある書籍を選び、「Go!」をクリック。ファイルは zip 形式になっており、音声は mp3 でのご提供です。

Chapter 1

BASIC BUSINESS CONTACT

基本的なビジネスコンタクトを基礎からマスター

人間関係の基盤を築く、ずっと使える基本表現をマスター

How are you doing?
Good, thanks. And you?

100 200 300 400 500

この Chapter は単なるあいさつだけを学ぶ Chapter ではありません。人間関係の基盤を築く大切なチャプターです。会話のきっかけをつかむ表現（→ *p*.35, *p*.38）や、ビジネスの場にふさわしい自己紹介のしかたなど。例えば動詞 work を使うとどんなことが自己紹介で表現できるのか確認してみてください (→ *p*.24)。ここで築く基盤は、ビジネス上での関係や親密さに関わらず、いつまでも継続的に使えるものばかりです。

オウム返し必須あいさつ集
Most Essential Greetings Part 1

Coach's Advice Let's start! ビジネスシーンで相手のあいさつをそのまま返すオウム返しが意外と使えます。左ページは出会いのあいさつ、右ページは別れ際のあいさつからいってみましょう。最初に音声で回答例のトーンを確認してから、Knock Test にチャレンジ。

Knock	Return (Audio 002)
001 **Hi.** こんにちは。	**Hi.** こんにちは。 ● Hi. は落ち着いたトーンで言うように。Hi. は「やぁ」ではない。「やぁ」は Hey.。Hello. よりよく使う。
002 **G'morning.** おはよう。	**G' morning.** おはよう。 ● Good morning をグッドモーニングとフルで言うと初心者感たっぷり。Good 省略して G'「グッ」と発音するのが普通。そして文末の g はあまり強く発音しない。
003 **Long day, huh?** お疲れさま。	**Yeah, long day.** お疲れさま。 ● フルで言うと It's been a long day. どちらも OK。この Huh? は日本語の「ね」と同じ。*p*.38 でもっと Huh? を練習するね。
004 **See you later.** ではまた。 （意）行ってきます。	**See you later.** ではまた。 （意）行ってらっしゃい。 ●（意）は、意味の訳である意訳を表しています。（→ *p*.12）
005 **See you around.** ではまた。 （意）失礼します。	**See you around.** ではまた。 （意）失礼します。 ● 特にこれはオフィスで頻繁に使う。なぜなら、See you around the office / building. という意味合いで使うから。
006 **Talk to you later.** では、また話しましょ。 （意）では、後ほど。	**Talk to you later.** では、また話しましょ。 （意）では、後ほど。

Knock Test Audio 003

最後にノックを聞いて答えよう。

001	002	003	004	005	006

Knock	Return
007 **G'Bye.** さようなら。 （意）失礼します。	**G'bye.** さようなら。 （意）失礼します。
008 **G'night.** おやすみなさい。 （意）お疲れさま。	**G'night.** おやすみなさい。 （意）お疲れさま。
009 **B'bye.** さようなら。 （意）失礼します。	**B'bye.** さようなら。 （意）失礼します。 ●ビジネスでは Bye bye. は NG。言うときは B'bye. で。B'bye. は、電話などでも広く使える「失礼します」。
010 **See you tomorrow.** では、明日。 （意）お疲れさま。	**See you tomorrow.** では、明日。 （意）お疲れさま。
011 **Happy Holidays!** 楽しい休日を！	**Happy Holidays!** 楽しい休日を！ ●クリスマスだけでなく、ユダヤ教やイスラム教などのさまざまな祝日に使える便利なあいさつ。
012 **Happy New Year!** あけましておめでとう。	**Happy New Year!** あけましておめでとう。 ●これにもほかの季節のあいさつと同じように、オウム返しでも Thanks. Same to you. で答えても OK。

Knock Test Audio 003
最後にノックを聞いて答えよう。

007	008	009	010	011	012

こちらこそを英語で、「No+オウム返し」のイントネーション変化ワザ
Most Essential Greetings Part 2

Coach's Advice 第二言語習得のキーは、母語から外国語の変換練習が欠かせない。しかし、それには適切な訳が必要。ここには、「こちらこそ」を簡単にマスターできるノックを用意したよ。「No.+ オウム返し」のイントネーション変化で言ってみて。

Knock	Return (Audio 004)
013 **Tha ~ nk you.** どうもありがとう。	**No. Thank YOU.** いえいえ、こちらこそどうもありがとう。 ●相手のお礼が Thanks. でも、「こちらこそ」は No. Thank YOU. で。
014 **I'm sorry.** すみません。	**No. I'M sorry.** いえいえ、こちらこそすみませんでした。 ●相手のお詫びが Sorry about that... でも、「こちらこそ」は No. I'M sorry. で。
015 **It's my fault.** 私のせいです。	**No. It's MY fault.** いえいえ、私のせいです。 ●このように、I / you だけでなく、主語が It's の場合は my / your / me を強調（CD の音声を参考にしてね）。
016 **Oh, excuse me.** おっと、すみません。	**No. Excuse ME.** いえいえ、私のほうこそすみません。
017 **Go ahead.** どうぞ。	**No. You go ahead.** いえ、どうぞどうぞ、お先に。
018 **I'll get this.** 私が払います。	**No. I'LL get this.** いえいえ、私が払います。 ●同じ「私が払います」でも、It's on me. / It's my treat. よりはこちらのほうが恩着せがましくなくてよい。

Knock Test Audio 005
最後にノックを聞いて答えよう。

013	014	015	016	017	018

In Action Advice

「こちらこそ」にはふたとおりの返し方がある。左のページのようにオウム返しのパターンと、もうひとつはこれから練習するこのページの No. I should... のパターン。お礼をされたときには No. I should thank YOU.、お詫びをされたときには No. I should apologize. で。You are such a wonderful student! と言われたら、No. I should thank YOU. で。ではやってみよう！

Knock	Return
019 **Thanks a lot for the other day.** 先日はありがとうございました。	**No. I should thank YOU.** こちらこそお礼を言わなくては。
020 **I really appreciate it!** 助かりました！　ありがとう。	**No. I should thank YOU.** こちらこそお礼を言わなくては。
021 **Sorry about the misunderstanding.** 誤解がありまして、申し訳ありませんでした。	**No. I should apologize.** いえ、謝らなくてはいけないのは私のほうです。
022 **Please forgive me for all the confusion.** 混乱を招いてしまい、申し訳ありませんでした。	**No. I should apologize.** いえ、謝らなくてはいけないのは私のほうです。
023 **You are awesome! Thanks a million.** すごい！　どうもありがとう！	**No. I should thank YOU.** いや、お礼をしなくてはならないのは私です。
024 **What would I do without you. You're so reliable.** あなたがいなかったらどうなっていたことか。とても頼りになります。	**No. I should thank YOU.** いえ、お礼をしなくてはならないのは私です。

Knock Test Audio 005
最後にノックを聞いて答えよう。

019	020	021	022	023	024

和風あいさつ表現、英語ではこう言う (1)
Japanese Style Greetings

Coach's Advice 日本語ならではのあいさつがたくさんある。例えば「行ってきます」や「行ってらっしゃい」は英語では直接言い換えることができないことば。日本語でいつも交わしているあいさつに対応する英語表現をゲットしよう。

Knock	Return (Audio 006)
025 おかえりなさい。	**Welcome back.** ●日本語の「おかえりなさい」とそっくりではないが、最も意味が近い英語。
026 いろいろ頑張ってくださいね。	**Good luck with everything.** ●Good luck. は「幸運」ではなく、「頑張って」に最も近い英語。
027 お疲れさま。	**It's been a long day, huh?** ●打ち合わせのときなどは、Another meeting, huh? も OK。ニュアンスとしては「やれやれ（ですね）」に近い。短く言うと Long day, huh?
028 行ってきます。	**I'm off.** ●英語には、「行ってきます」に近い表現がいくつかある。アメリカでは See you later. が最も定番。でも日本語の「行ってきます」には I'm off. がぴったり。
029 銀行に行ってきます。	**I'm off to the bank.** ●「～に行ってきます」というのは、とてもよく聞く表現。最後に See you later. も合わせて言おう。
030 ジョンを迎えに駅に行ってきます。	**I'm off to meet John at the station.**
031 （今日も1日）お疲れさま。	**Good job today.** ●最も基本的な「お疲れさま」の伝えかたは Hi.+ 名前。また、Long day. や Another meeting. のように another をつけて表すこともできる。例えば、another day / another Monday など。

Knock Test Audio 007
最後にノックを聞いて答えよう。

025	026	027	028	029	030	031

In Action Advice

では、チャットしましょう。最初は練習用音声（Audio 08）で回答例を確認して、次にKnock Test（Audio 09）でもう一度チャレンジ。Knock Testは、回答例と同じことを答えることが目標ではなく、時間内に自分なりの答えを何かしら返すことが目標。例えば、Thanks. で返すノック（No.032）には、Thanks a lot. / Thank you. のどちらも正解。また、合わせ技 See you later. Take care. などのようにしても OK。

Knock	Return (Audio 008)
032 **Welcome back.** おかえりなさい。	**Thanks.** ただいま。 ●「ただいま」は I'm back. も OK。
033 **Good job today.** （今日も1日）お疲れさま。	**Thanks. You too.** どうも、お疲れさま。
034 **I'm off.** 行ってきます。	**See you later.** 行ってらっしゃい。
035 **I'm off to the bank.** 銀行に行ってきます。	**OK. See you later.** はい。行ってらっしゃい。
036 **Good luck with everything.** いろいろ頑張ってくださいね。	**Thanks a lot.** どうもありがとうございます。
037 **Talk to you later.** お疲れ、じゃまた後ほど。	**Yeah, talk to you later.** お疲れ。また後で。 ●その日の別れとしてではなく、オフィス内でのトークの締めとして使うことば。
038 **I'm gonna go home.** お先に失礼します。 （直）家に帰ります。	**See you later. Take care.** では。お疲れさま。

Knock Test Audio 009
最後にノックを聞いて答えよう。

032	033	034	035	036	037	038

仕事を伝える必須動詞 WORK
I work in / for / as / on / in...

Coach's Advice 右ページでは、あなたの仕事について質問します。その準備として、ここで自分の仕事や内容について work を駆使して言えるようになろう。実は、業界という大きなくくりから、今携わっている仕事の詳細まで work だけで OK。

Knock	Return (Audio 010)
039 IT 業界で働いています。	I work in the IT field.
040 中堅の IT 企業で働いています。Miki-Ocean といいます。	I work for a mid-sized IT company. It's called Miki-Ocean.
041 ウェブサービス部門で働いています。	I work in the web services department.
042 事務職で働いています。	I work as an administrative assistant.
043 今、電子書籍のプロジェクトに携わっています。	Now, I' m working on digital book projects.
044 そこで 3 年ほど働いています。	I've been working there about 3 years.
045 霞が関で働いています。そこは東京の中心です。	I work in Kasumigaseki. It's in Central Tokyo.

Knock Test Audio 011
最後にノックを聞いて答えよう。

039	040	041	042	043	044	045

In Action Advice

本当に英会話を身につけたいのであれば、できる限り自分の情報で言ってみること。このユニットはその絶好のチャンス。自分の仕事や携わっている仕事についてどんどん答えてみよう。これは give and take だと思って。ノックから take するだけではなく、自分なりの情報をできる限り持ちこんで give の気持ちでやってみよう。自分の仕事をしっかり説明できるように、頑張って。

Knock	Return (Audio 012)
046 I work in the educational field. How about you? 教育関係に携わっています。あなたは？	I work in the ________. ※下線部に自分の情報を入れて言ってみよう。
047 I work for a small education company. It's called Soreken Labs. How about you? 小さな教育関係の会社で働いています。ソレシィ研究所というところです。あなたは？	I work for ________. It's called ________.
048 I work in every aspect of our small company. How about you? （小さな）会社に全面的に携わっています。あなたは？	I work in ________.
049 I work as the owner and operator. How about you? 私はオーナーであり、経営者です。あなたは？	I work as ________.
050 I'm working on English textbooks and seminars. How about you? 英語の教科書やセミナーに携わっています。あなたは？	I'm working on ________.
051 I've been working there about 10 years. How about you? そこでは 10 年ほど働いています。あなたは？	I've been working there ________.
052 I work in Setagaya. It's a suburb of Tokyo. How about you? 世田谷で働いています。そこは東京のはずれにあります。あなたは？	I work in ________. It's ________.

Knock Test Audio 013
最後にノックを聞いて答えよう。

046	047	048	049	050	051	052

It'sをプラスして簡単にていねい度UP
It's nice to meet you.

Coach's Advice Nice to meet you. の前に It's はなくてもよいが、つけたほうがていねいなニュアンス。ただ、ていねいにしようとして話がわかりにくくなるようであれば、逆に相手にとって失礼。It's もまとめてサッと言えるようにここで練習しよう。

Knock	Return (Audio 014)
053 どうぞよろしくお願いいたします。	**It's nice to meet you.** ●さらにフォーマルにするには、Nice の代わりに It's an honor to meet you / a pleasure to meet you.
054 （会ったことがある人に）お世話になっております。	**It's nice to see you again.**
055 （メールなどのやりとりがあって、とうとうお会いできましたの感覚で） やっとお目にかかれましたね。	**It's nice to finally meet you.** ●（意）その節はお世話になりました。
056 では、今後もよろしくお願いします。	**It was nice meeting you.** ●（直）お会いできてよかったです。 ●meeting、talking など ing がつくものは別れ際のあいさつ、Nice to meet you. のように、to がつくものは出会いのあいさつ。
057 失礼します。	**It was nice seeing you again.** ●（直）またお会いできてうれしいです。 ●「今後ともよろしくね」は、It was nice talking to you.
058 はじめてお会いしますよね。	**I don't think we've met.** ●話の途中であいさつをするときは Bye the way,（直）「ところで」、（意）「申し遅れましたが」と切り出すとよい。

Knock Test Audio 015
最後にノックを聞いて答えよう。

053	054	055	056	057	058

ビジネスの場での自然な自己紹介
BIZ Self-Intro & Giving Your Name.

Coach's Advice 自己紹介の基本スリーステップは、はじめましての Hi.（言い方は絶対落ち着いたトーン）＋名前＋よろしくフレーズ。会議ならスピーチ型（→ *p*.28）。そして、相手が覚えやすい名前を提供することは、よいお付き合いにつながる。

Knock	Return (Audio 016)
059 **Hi. I'm Steve Soresi.** はじめまして。スティーブ・ソレイシィと申します。	**Hi. I'm Kei Saito.** ※下線部は回答例です。 はじめまして。斉藤ケイと申します。 ● Hi. は「はじめまして」にもっともふさわしいことば。Hi. - Hi. と1往復してから、名前を伝え、Nice to meet you. と言っても OK。
060 **I'm Steve Soresi from Soreken Labs.** ソレイシィ研究所のスティーブ・ソレイシィと申します。	**I'm Kei Saito from Pepper Printing.** ペッパー印刷の斉藤ケイと申します。 ● 社名がない場合は、名前だけでもよい。「お仕事は？」と聞かれたら、I work as a writer / freelance / web designer. などと答えよう。
061 **Everyone calls me Steve.** （会社では）スティーブと呼ばれています。	**Everyone calls me Kei or Kei-san.** （会社では）ケイかケイさんと呼ばれています。 ● 読みやすい名前を提供したい場合は、Just call me Mr.(/ Ms.) S.「Mr. S と呼んでください」。
062 **My last name Soresi sounds like "should I see".** 私の名字、ソレイシィは、"should I see" の発音に似ています。	**My last name SAITO sounds like "sigh toe" .** 私の名字、斉藤は、"sigh toe" の発音に似ています。 ● 加藤さんだったら cartoon、立花さんだったら touch it burn など。
063 **By the way, I'm Steve.** ところで（申し遅れましたが）、スティーブです。	**By the way, I'm Kei.** ところで、ケイです。
064 （電話をかけたときに） **This is Steve Soresi from Soreken Labs.** ソレイシィ研究所のスティーブ・ソレイシィですが……。	**This is Kei Saito from Pepper Printing.** ペッパー印刷の斉藤ケイですが……。 ● ソレイシィ研究所→私の会社の名前。略してソレ研と言います。

Knock Test Audio 017
最後にノックを聞いて答えよう。

059	060	061	062	063	064

スピーチ型自己紹介
Self Introduction for Group Work

Coach's Advice 会社の会議やミーティングなど大勢の前で自己紹介するときのために、スピーチ型自己紹介も日頃から練習しておいたほうがいい。自分の名前、仕事など最も基本的な情報だけでいいので、文を続けて言ってみよう。まずは私がお手本を紹介するので、自分の名前や紹介に入れ替えてスピーチしよう。

Audio 018
1回目：青字の部分だけでショートスピーチ
2回目：フルダイアログでロングスピーチ

Rally 1 Self-Introduction Speech 〈065〉

Knock コーチのお手本を聞いてみましょう。

（司会者）Next... Would you introduce yourself?

Sure. Hi, everyone. I'm Steve Soresi. I live and work in Japan. I write books and teach seminars on English communication. This is my first time to participate in this workshop. And I look forward to sharing ideas with everyone today. Thanks.

（次のかた、自己紹介をしていただけますか？）
みなさん、はじめまして。スティーブ・ソレイシィと申します。日本で働いています。本を執筆したり、英会話のセミナーで講師をしています。このワークショップに参加するのは初めてです。今日はみなさんと意見交換をしたいので、よろしくお願いします。ありがとうございます。

Return では、あなたの番です。

（司会者）Next... Would you introduce yourself?

Sure. Hi, everyone. I'm Kei Saito. I live and work in Japan. I work for a small Japanese printing company. This is my first time to participate in this workshop. And I look forward to sharing ideas with everyone today. Thanks.

（次のかた、自己紹介をしていただけますか？）
はい。みなさん、こんにちは。斉藤ケイと申します。日本で働いています。日本の小さな印刷会社で働いています。このワークショップに参加するのは初めてです。今日はみなさんと意見交換をしたいので、よろしくお願いします。ありがとうございます。

Knock Test Audio 019
最後にノックを聞いて答えよう。
065

G'morning everyone.
I'm Steve Soresi.

Knock	Return Audio 020
066 G'morning everyone. みなさん、こんにちは。	G'morning everyone. みなさん、こんにちは。
067 I'm Steve Soresi from Soreken Labs. ソレイシィ研究所のスティーブ・ソレイシィです。	I'm Kei Saito from Pepper Printing. ※下線部は回答例です。 ペッパー印刷の斉藤ケイです。
068 I work in the Planning Depertment. 企画部門で働いています。	I work in the Administrative Department. 管理部門で働いています。
069 I've been working here for about 3 years. ここで3年ほど働いています。	I've been working here for about 5 years. ここで5年ほど働いています。
070 I look forward to collaborating with Pepper Printing. ペッパー印刷と一緒にお仕事ができるのを楽しみにしています。	I look forward to collaborating with Soreken Labs. ソレイシィ研究所と一緒にお仕事ができるのを楽しみにしております。
071 Here's to a prosperous future together. では、我々の実りある未来へ乾杯！	Here's to a prosperous future together. では、我々の実りある未来へ乾杯！

Knock Test Audio 021
最後にノックを聞いて答えよう。

066	067	068	069	070	071

Short Rally
最も基本的なビジネスコンタクト

Coach's Advice 軽いコンタクトでも、単なる会釈ですますのではなく、みんなの前ではじをかいてもいいから、どんどん会話してみよう。今日はキャッチボールするぞ。3往復はきっとこんな感じ。

Audio 022

I don't think we've met.
I'm Steve Soresi.
I'm Kei Saito.

Rally 1 ファーストコンタクトのあいさつ（1） 〈072-076〉

	Return
I don't think we've met. I'm Steve Soresi.	I'm Kei Saito.
It's nice to meet you.	It's nice to meet you too.
Everyone calls me Steve or Soresi-san.	Everyone calls me Kei or Kei-san.
What do you do here?	I work in the Administrative Department. How about you?
I work in the President's office. Well, it was nice meeting you.	Yeah, it was nice meeting you too.

そういえば、まだごあいさつしていませんでした。スティーブ・ソレイシィです。	斉藤ケイです。
はじめまして。	こちらこそ、はじめまして。
社内ではスティーブかソレイシィさんと呼ばれています。	私はケイかケイさんと呼ばれています。
ここでは何をしてらっしゃるんですか？	管理部門で働いています。あなたは？
私は社長室で働いています。どうぞ、これからよろしくお願いします。	ええ、こちらこそよろしくお願いします。

Rally 2 ファーストコンタクトのあいさつ（2） 〈077-083〉

	Return
Hi. You're Saito-san, right?	Yes. Hi
Hi. I'm Sam. It's nice to finally meet you.	It's nice to finally meet you too.
I look forward to making the new catalogue in English with you.	Me too.
So can I sit here?	Sure. Go ahead.
Thanks. It's a nice day, isn't it?	Yeah. I like this season.
Me too. So should we schedule some meetings and deadlines?	Yeah. That's a good idea.
Do you have a calendar?	Sure. Here you are.

どうも。斉藤さんですよね。	はい。どうも。
サムと言います。はじめてお目にかかります。	はじめまして。
新しく英語版のカタログをつくるお仕事、どうぞよろしくお願いいたします。	ええ、こちらこそよろしくお願いします。
ここに座ってもよろしいですか。	どうぞ、どうぞ。
ありがとう。今日はいい天気ですね。	ええ、今の季節好きなんです。
私もです。では、打ち合わせと締め切りについて予定をたてましょうか。	ええ、そうしましょう。
カレンダーはお持ちですか？	はい、ここに。

Rally 3 予定を確認する 〈084-087〉

	Return
Do you have a minute now?	Yes.
What are your plans tomorrow?	I have meeting at 10:00. But I'm free in the afternoon.
We might wanna meet tomorrow. But I'm not sure of the time.	OK. Just let me know.
OK. Thanks.	Sure.

今、ちょっといいですか。	はい。
明日の予定はどうなってます？	10時からミーティングがあって、午後は空いてます。
明日会えるといいのですけど。でもまだ時間がはっきりしないんです。	わかりました。わかったら教えてください。
わかりました。ありがとう。	いえ。

● スケジュールのやりとりについては Chapter 4（→ *p.*86 ～）を参照。

Knock Test Audio 023
最後にノックを聞いて答えよう。

Rally 1 072-076	Rally 2 077-083	Rally 3 084-087

聞き返し必須フレーズ
Would you say that again?「もういちどお願いします」

Coach's Advice 何かを急に言われたら、ネイティブだって100%聞きとることは不可能。だから、わからないときに聞き返すことは失礼なことではなく当たり前のこと。ただ、正しい聞き返しかたを身につけよう。One more please. はダメ。

Knock	Return (Audio 024)
088 すみません、もう一度（言っていただけますか）。	Sorry?
089 もう一度言っていただけますか？	Would you say that again? ● 文末に please があるとさらにていねいになるが、なくてもOK。
090 もう少しゆっくり言っていただけますか？	Would you say that a little more slowly?
091 駅の名前をもう一度言っていただけますか？	Would you say that station's name again?
092 URL をもう一度お願いできますか？	Would you say that URL again?
093 最初のところだけもう一度言っていただけますか？	Would you say the first part again?

Knock Test Audio 025
最後にノックを聞いて答えよう。

088	089	090	091	092	093

Short Rally Advice

Audio 026

テストのためのリスニングは、「1 語も聞き逃さないように」という不思議な試練だが、なまの会話のリスニングのほうが実は簡単かもしれない。なぜなら、話している相手が見えるし、わからないことばは、その場で聞き返すことができるから。「リスニングが苦手」とよく聞くが、テストのリスニングのことを指しているのであれば、そんなに気にしなくていい。なまの会話をしているときに、わからなくなったらその瞬間にすぐに Sorry? もしくは Would you say that again? が出てくるようにね。

Rally 1 一度聞き返してから応対する（1）

〈094-096〉

	Return
Hi. I'm looking for the men's bathroom.	Sorry?
Where is the men's bathroom?	Oh, I see. It's over there.
Thanks.	Sure.

あの、お手洗いを探しているのですが。	なんておっしゃいました？
お手洗いはどちらでしょうか？	あ～、わかりました。あちらですよ。
ありがとう。	いえいえ。

Rally 2 一度聞き返してから応対する（2）

〈097-100〉

	Return
Hi. How are you?	Hi. Good, thanks. And you?
Good. Do you mind if I use this chair for a minute?	Would you say that again please?
Can I use this chair?	Oh, I see. Sure. Go ahead.
Thanks a lot.	Sure. No problem.

こんにちは。お元気ですか？	どうも。元気です。そちらは？
元気です。この椅子ちょっと使ってもいいでしょうか？	もう一度言っていただけますか？
この椅子使ってもいいですか？	わかりました。どうぞどうぞ。
どうもありがとうございます。	いえいえ。

Knock Test

Audio 027

最後にノックを聞いて答えよう。

Rally 1 094-096　Rally 2 097-100

あいづち感覚で使うベーシックあいさつ
Good, thanks. And you?

Coach's Advice ビジネスあいさつの必須フレーズ No.1 は How are you (doing)? とそのバリエーションかも。実は、これはいわゆる社交辞令なのでお決まりの返事がとっさに返せるようになれば OK。そのお決まりパターンは、サッと返す＋聞き返し。

Knock	Return (Audio 028)
101 **How are you doing?** （調子は）どうですか？	**Good, thanks. And you?** いいですよ。ありがとう。あなたは？ ●同じ系統の質問として、How's it going? (→ *p*.34) / How have you been? (→ *p*.40) がある。
102 **How's business?** 仕事はどうですか？	**Good, thanks. And you?** 順調だよ。ありがとう。あなたは？
103 **How's it going?** （最近は）どうですか？	**Not bad. And you?** まぁまぁ（そこそこ）ですよ。あなたは？ ●Not bad. And you? / Busy. And you? なども使えるようにしよう。でもこのクイックあいさつにはクイックに聞き返すことがいちばん重要。
104 **How's everything?** （調子は）どうですか？	**Not bad. And you?** まぁまぁ（そこそこ）ですよ。あなたは？
105 **What's new?** 何かありました？	**Not much. And you?** 特に何も。そちらは？ ●What's... ? の質問に、Good. で返すのは間違いじゃないけれど、自然なのは Not much.
106 **What's happening?** どうなってますか？	**Not much. And you?** 特に何もないですよ。そちらは？ ●What's up?「調子はどう？」もよく聞かれる。

Knock Test Audio 029
最後にノックを聞いて答えよう。

101	102	103	104	105	106

会話のきっかけをつくる万能表現 (1)
It's a nice day, isn't it?　～ですね。

Coach's Advice 私が日本語の会話をマスターするのに、「天気」はチャットの必須テーマでした。もちろんアメリカのオフィスでも、天気の話題でチャットすることは多い。ということで、ここでは会話の糸口になる「～ですね」の基本表現をゲットしよう。

Knock	Return (Audio 030)
107 いい天気ですね。	**It's a nice day, isn't it?**
108 今日は寒いですね。	**It's cold today, isn't it?** ● Today is cold. は実際にはあまり聞かないが、間違いでもないし通じるので OK でしょう。
109 今日は結構暇ですね。	**It's pretty slow today, isn't it?** ● これも日常会話の大切な会話糸口。isn't it? をこのように使おう。
110 今日は結構忙しい日ですね	**It's pretty busy today, isn't it?**
111 このなか、暑いですね。	**It's hot in here, isn't it?**
112 今日は雨も風も強いですね。	**It's so rainy and windy today, isn't it?**

Knock Test Audio 031
最後にノックを聞いて答えよう。

107	108	109	110	111	112

Short Rally
オフィス内でのちょっとしたあいさつ

Coach's Advice 細かいひとことではなく、会話の中の往復回数が肝心。軽いコンタクトでも、単なる会釈ですますのではなく、みんなの前で恥をかいてもいいから、どんどん会話してみよう。キャッチボールするぞ。3往復はきっとこんな感じ。

Audio 032

How are you doing?
Good, thanks.
And you?

Rally 1 朝のちょっとしたあいさつ（3往復してね） 〈113-115〉

	Return
G'morning.	G'morning.
How are you doing?	Good, thanks. And you?
Good. Well... see you around.	See you around.●

おはよう。	おはよう。
（調子は）どう？	いいよ。あなたは？
いいよ。ではまた。	ではまた。

● 最後のあいさつはSee you.だけで終わらせないで、オフィスで使うときにはSee you around.。これは、around the officeの意味で、同僚でのあいさつでよく使う。See you.だけだと「んじゃ」になってしまう。

Rally 2 Morning Office（4 往復）

〈 116-119 〉

Return

Hi. Kei.	Hi. Sam.
How're you doing?	Good, thanks. And you?
Good. It's getting warmer, isn't it?	Yeah. It feels good.
Yeah. Well... have a nice day!	Thanks. You too.

こんにちは。ケイさん。	こんにちは、サムさん。
（調子は）いかがですか？	いいですよ。あなたは？
いいですよ。暖かくなってきましたね。	ええ、気持ちがいいですね。
そうですね。では、よい1日を。	では、あなたもよい1日を。

Rally 3 Evening Office（6 往復）

〈 120-125 〉

Return

Long day, huh?	Yeah. Long day.
I have so much to do!!	Do you need some help?
Actually, I'm gonna finish it tomorrow. Thanks anyway.	Sure.
OK. I'm gonna go home now.	OK. See you tomorrow.
Good luck with everything and don't work too hard.	Thanks.
B'bye.	B'bye.

お疲れですね。	ええ、今日も長かったです。
やることがたくさんありすぎて。	何か手伝えることはありますか？
明日終わらせるので大丈夫です。ありがとう。	了解。
では、そろそろ帰りますね。	はい。また明日。
無理しないで頑張ってくださいね。	ありがとう。
では。	では。

1000 900 800 700 600 500 400 300 200 100

Knock Test Audio 033
最後にノックを聞いて答えよう。
Rally 1 113-115 | Rally 2 116-119 | Rally 3 120-125

会話のきっかけをつくる万能表現 (2)
Looks like... ～みたいですね。

Coach's Advice Looks like rain.「雨みたいですね」。この表現には意味とは別に「ね、チャットしない」の気持ちが含まれている。政治や経済の専門知識は心配しないで、チャットしてみて。...isn't it? (→*p*.35) と同様に、自然な話のきっかけ上手になろうね。

Knock	Return (Audio 034)
126 総理大臣、大変みたいですね。	**Looks like the prime minister is having a hard time, huh?** ●この huh? は日本語の「～ね」と同じ意味。この例文は大統領や政治家の名前を入れて言う事が多い。Looks like Smith is having a hard time.「スミスさんは大変みたいですね」など。
127 ヤンキースは大変みたいですね。	**Looks like the Yankees are having a hard time, huh?** ●どのチーム名でも OK。Looks like the Yankees is having a good season.「ヤンキースは好調みたいだね」も言える。
128 経済が回復してきているみたいですね。	**Looks like the economy's getting better, huh?** ●これも社内チャットでよく使う。Looks like Bob got promoted.「ボブ昇格したみたいだね」/ Looks like our that product is a hit.「あの商品はヒットみたいだね」。
129 今年はウィンブルドンが盛り上がっていますね。	**Looks like Wimbledon is exciting this year, huh?**
130 SATOSHI の新しいアルバムが発売されるみたいですね。	**Looks like SATOSHI is releasing a new album, huh?**
131 株価がおかしくなっているみたいですね。	**Looks like the stock market is going crazy, huh?** ●...huh? は男女問わずに、「～ね」として使える。例えば Long day, huh? (→*p*.18)

Knock Test Audio 035
最後にノックを聞いて答えよう。

126	127	128	129	130	131

Looks like the stock market is going crazy, huh?

Knock | Return | Audio 036

Knock	Return
132 Looks like the prime minister is having a hard time, huh? 総理大臣は大変みたいですね。	Yeah. That's too bad. ええ、残念ですね。
133 Looks like the Yankees are having a hard time, huh? ヤンキースは大変みたいですね。	Yeah. That's too bad. ええ、残念ですね。
134 Looks like the economy's getting better, huh? 経済が回復してきているみたいですね。	Yeah. Finally. ええ、やっとですね。
135 Looks like Wimbledon is gonna be exciting this year, huh? 今年はウィンブルドンが盛り上がっているみたいですね。	Yeah. I can't wait to watch it. ええ、見るのが待ち遠しいです。
136 Looks like SATOSHI is releasing a new album, huh? SATOSHI の新しいアルバムがもうすぐ発売されるみたいですね。	Yeah. I look forward to it. ええ、楽しみです。
137 Looks like the stock market is going crazy, huh? 株価がおかしくなっているみたいですね。	Yeah. It's terrible. ええ、ひどいですね。

Knock Test Audio 037

最後にノックを聞いて答えよう。

132	133	134	135	136	137

和風あいさつ表現、英語ではこう言う (2)
Japanese Style Greetings

Coach's Advice How have you been? や Nice to see you again. などのいちばんよい覚え方はなるべく自然な日本語とリンクさせること。すると意味も使い方もいっきにわかる。実は、このふたつは「ご無沙汰～」に代わるフレーズ。

Knock	Return　Audio 038
138 お世話になっております。 （直）またお会いできてうれしいです	**It's nice to see you again.** ● It was nice seeing you again. とすると 別れ際のあいさつになる。
139 どうも、お世話になっております。 （直）またご連絡をいただけてうれしいです。	**It's nice to hear from you again.**
140 ご無沙汰しております。 （直）お元気でしたか？	**How have you been?**
141 元気ですが忙しくしています。そちらはどうですか？	**I've been good but busy. And you?** ●（意）おかげさまで順調です。ビンボヒマナシ。 I've been keeping my head above water.
142 どうもご無沙汰しております。 （直）しばらくぶりですね。	**It's been a while.**
143 どれくらいぶりでしょうか？	**It's been how long?** ● How long has it been? とも言う。

Knock Test Audio 039
最後にノックを聞いて答えよう。

138	139	140	141	142	143

In Action Advice

「ご無沙汰しております」「お世話になっております」は、日本語ならではのすばらしい表現。英語でこのふたつを表現するためには直訳より意味の訳（意訳）がおすすめ。なぜならあいさつは特に、使うタイミングや気持ちが重要だから。つまり、仕事上の付き合いで会う人には「どうも、お世話になっております」の気持ちで It's nice to see you again.、久しぶりに会った人には、How have you been? が使える。

	Knock	Return (Audio 040)
144	**You're Kei, right?** ケイさんですよね？	**Yeah. You're Steve, right?** ええ。スティーブさんですよね？
145	**Yeah. Long time no see.** はい。ご無沙汰しております。	**Yeah. Long time no see.** ええ、ご無沙汰しております。
146	**It's been about 1 year, right?** １年ぶりですよね。	**Yeah. It's been about 1 year.** ええ、１年ぶりぐらいです。
147	**How have you been?** （意）ご無沙汰しております。 （直）お元気でしたか？	**Good. And you?** 元気ですよ。あなたは？
148	**Good but busy.** 元気ですが、忙しいです。	**Me too.** 私もです。
149	**Well... it was nice seeing you again.** （意）今後もよろしくお願いいたします。 （直）またお会いできてよかったです。	**It's nice seeing you again too.** （意）こちらこそ、今後ともよろしくお願いいたします。 （直）私もまたお会いできてうれしいです。

Knock Test Audio 041
最後にノックを聞いて答えよう。

144	145	146	147	148	149

Short Rally
久しぶりに会ったときのあいさつ

Coach's Advice 久しぶりに会った人とのあいさつを、ラリーでチャレンジしてみよう。回答例はあくまで例なので本を見ないで、自分なりの返事をかえせるようにここの7往復と9往復のラリーを頑張って。

Audio 042

Rally 1 久しぶりに会ったときのラリー（1） 〈150-156〉

	Return
Hi. Kei.	Hi. Steve.
It's nice to see you again.	It's nice to see you again too.
How have you been?	Good, thanks. And you?
Good, but I've been so busy. How about you?	I've been busy too.
Is your mail and cellphone info the same as before? ●	Yeah, and you?
Yeah, but my e-mail address changed. I'll send you a mail sometime soon.	That sounds good.
Well, see you later.	See you later.

こんにちは。ケイ。	こんにちは。スティーブ。
いつもお世話になっております。	こちらこそ、いつもお世話になっております。
お元気ですか？（ご無沙汰ですね）	はい。ありがとうございます。あなたは？
元気です。でもとても忙しいです。あなたはどうですか？	私も忙しいです。
メールや携帯はお変わりありませんか？	ええ。あなたは？
私もです。でもメールアドレスが変わったのでそのうち、メールしますね。	どうぞ、そうしてください。
では、また後ほど。	ええ、では後ほど。

● imformation を略して、info とも言う。

Short Rally Advice

このユニットに７往復と９往復のラリーがある。その往復回数にフォーカスしてみて。つまり、答え合わせをして模範とおりに答えるのではなく、回答例のほかにも会話が成立するフレーズはたくさんあるはず。簡単なことばでいいから、私とまず７往復できるかどうか、次に９往復できるかどうかにフォーカスしてみよう。リターンの回答例はあくまで例なので参考にしてね。

Rally 2 偶然、久しぶりに会ったときのラリー（2） 〈157-165〉

	Return
Oh my gosh. Kei?	Yeah. Hi. Steve.
Long time no see!	Yeah. Long time no see!
It's been how long?	Uhmm. It's been about 2 years.
Yeah. How have you been?	Good, thanks. And you?
Oh, same as always. I'm still working for Miki-Ocean. How about you?	I'm still working for Pepper Printing.
I see. I'm working on digital books and doing office work. What have you been doing?	I'm working on our homepage and doing office work too.
It's so nice to see you again.	It's nice to see you again too.
Let's have lunch sometime.	That sounds good.
OK. B'bye	B'bye

あれッ！　ケイさん？	こんにちは、スティーブさん。
ご無沙汰しております。	ええ。ご無沙汰しております。
どれくらいぶりでしょうか？	えぇっと、２年ぶりですね。
お元気でしたか？	ええ、あなたは？
いつもどおりですよ。まだミキ・オーシャンで働いています。あなたは？	私はペッパー印刷で働いています。
そうですか。私は電子書籍のプロジェクトと通常の業務をこなしています。あなたは何をしていますか？	私はホームページの仕事と、通常の業務をこなしています。
お会いできて本当にうれしいです。	私もお会いできてうれしいです。
今度、一緒にランチでも食べましょう。	そうしましょう。
では。	では。

Knock Test Audio 043
最後にノックを聞いて答えよう。

Rally 1 150-156　Rally 2 157-165

Chapter 1 仕上げ MIX (1)

Knock	Return (Audio 044)
166 行ってきます。	I'm off.
167 銀行に行ってきます。	I'm off to the bank.
168 おかえりなさい。	Welcome back.
169 はじめてお会いしますよね。	I don't think we've met.
170 どうぞよろしくお願いいたします。	It's nice to meet you.
171 今後もよろしくお願いいたします。	It was nice meeting you.
172 ご無沙汰しております。（直）お元気でしたか？	How have you been?
173 どれくらいぶりでしょうか？	How long has it been?

Knock Test Audio 045

最後にノックを聞いて答えよう。

166	167	168	169	170	171	172	173

	Knock	Return
174	いい天気ですね。	**It's a nice day, isn't it?**
175	このなか、暑いですね。	**It's hot in here, isn't it?**
176	今日は結構忙しいですね。	**It's pretty busy today, isn't it?**
177	ヤンキースは大変みたいですね。	**Looks like the Yankees are having a hard time, huh?**
178	今年はウィンブルドンが盛り上がっているみたいですね。	**Looks like Wimbledon is exciting this year, huh?**
179	もう一度言っていただけますか?	**Would you say that again?**
180	駅の名前をもう一度言っていただけますか?	**Would you say that station's name again?**
181	最初のところだけもう一度言っていただけますか?	**Would you say the first part again?**

Knock Test Audio 045
最後にノックを聞いて答えよう。

174	175	176	177	178	179	180	181

1000 900 800 700 600 500 400 300 200 100

Chapter 1 仕上げ MIX (2)

Knock	Return (Audio 046)
182 Hi. こんにちは。	Hi. こんにちは。
183 Hi. Kei. こんにちは。ケイさん	Hi. Steve. こんにちは。スティーブさん。
184 See you later. ではまた。	See you later. ではまた。
185 See you around. 失礼します。	See you around. 失礼します。
186 Long day, huh? お疲れさま。	Yeah, long day. お疲れさま。
187 Long meeting, huh? 会議、お疲れさま。	Yeah, long meeting. 会議、お疲れさま。
188 I'm off. 行ってきます。	See you later. 行ってらっしゃい。
189 I'm gonna go home. お先に失礼します。 （直）家に帰ります。	See you later. Take care. では。お疲れさま。

Knock Test Audio 047
最後にノックを聞いて答えよう。

182	183	184	185	186	187	188	189

Knock	Return
190 How are you doing? （調子は）どうですか？	Good, thanks. And you? いいですよ。ありがとう。そちらはいかがですか？
191 How's everything? （調子は）どうですか？	Not bad. And you? まぁまぁ（そこそこ）ですよ。そちらはいかがですか？
192 What's new? 何かありました？	Not much. And you? 特に何も。そちらはいかがですか？
193 I'm Steve Soresi from Soreken Labs. ソレイシィ研究所のスティーブ・ソレイシィです。	I'm Kei Saito from Pepper Printing. ペッパー印刷の斉藤ケイです。
194 Everyone calls me Steve. （会社では）スティーブと呼ばれています。	Everyone calls me Kei or Kei-san. （会社では）ケイかケイさんと呼ばれています。
195 I work in the educational field. How about you? 教育関係に携わっています。あなたは？	I work in the ________.
196 I'm working on English textbooks and seminars now. How about you? 今は英語の教科書やセミナーに携わっています。あなたは？	I'm working on ________.
197 I've been working at my company for about 10 years. How about you? 今の会社で10年ほど働いています。あなたは？	I've been working at my company for about ________.

Knock Test Audio 047
最後にノックを聞いて答えよう。

190	191	192	193	194	195	196	197

Chapter 2

ESSENTIAL NUANCES FOR THANKS & SORRY

おれとお詫びのドレミ

Thank you. と Sorry. のバリエーションと、Thank you. と Sorry. と言われたときの返し方をゲットしよう。

ド **Thanks.**
どうも。すみません。　どうも、ありがとう。

レ **Oh, thanks.**
あ、すみません。あ、ありがとう。

ミ **Thanks a lot.**
ありがとうございます。

ファ **Thanks for...**
～をありがとうございます。

ソ **Tha ～ nk you.**
本当にありがとうございます。

ラ **Thank you so much.**
どうも。すみません。　どうも、ありがとう。

シ **I really appreciate it.**
ありがとうございます。助かります。

してくれたことへの重大さ

ドレミってなに？

Thank you.「ありがとう」と Sorry.「ごめんなさい」、こうしたメジャーなことばを上記のようなスケールでマスターしましょう。この Chapter では、「ありがとう」と「ごめんなさい」の表現をドレミのスケールに置き換えました。例えば、いちばん軽いお礼はドの Thanks.（ありがとう）。してくれたことの重大さが増すにつれて音階が高くなり、最後のシは I appreciate it.「ありがとうございます。感謝します」となります。お礼だけではなく、お礼を言われたときに返すことばや、お詫びのことばとお詫びを言われたときに返すことばもドレミスケールでまるごとゲットしましょう。

600 700 800 900 1000

お礼のドレミ
Thanks.（ド♪）から I appreciate it.（シ♪）まで

Coach's Advice

お礼を伝えるときのポイントは上下関係ではなく、やってくれたことの重要さが大切。だから相手が社長でも、それがほんのちょっとしたお礼ならば Thanks. が適切。アドバイスしてくれたことのお礼「どうもありがとうございます」は Thanks a lot. がぴったり。

Repeating コーチの後に続いてテンポよくド〜シのフレーズをリピート。

ノックの流れ　日 → （英） → 英 → （英） → 英３回 → （英３回）

※（　）はあなたが答えるところ。青字はコーチ。

198-204　Audio 048

ド	Thanks.（イギリスでは Cheers.）	どうもすみません。／どうもありがとう。
レ	Oh, thanks.	あ、すみません。／あ、ありがとう。
ミ	Thanks a lot.	ありがとうございます。
ファ	Thanks for...	〜をありがとうございます。
ソ	Tha ~ nk you. 「〜」とのばすように言うと感じがよい。	本当にありがとうございます。
ラ	Thank you so much.	どうもすみません。 どうもありがとうございます。
シ	I really appreciate it.	（意）ありがとうございます。助かります。 （直）ありがとうございます。感謝します。

♪ [番外編：断るときに]

Thanks anyway.	でも、ありがとう。 お気持ちだけ。

Knock Test　Audio 049

最後にノックを聞いて答えよう。

ド	レ	ミ	ファ	ソ	ラ	シ

In Action

Knock	Return (Audio 050)
205 Here's your umbrella. はい、傘。	Thanks. すみません。
206 You dropped your pen. ペン落ちましたよ。	Oh, thanks. あ、すみません。
207 Here. You might wanna use the shoe horn. はい。靴べら使ったら？	Thanks a lot. ありがとうございます。
208 Here are all the copies and envelopes. これが全部のコピーと封筒です。どうぞ。	Tha ~ nk you. 本当にありがとうございます。
209 I corrected the report and printed it out and made the copies for the meeting too. レポートを修正してプリントしました。会議用にコピーもしましたので。	Thank you so much. どうもありがとうございます。
210 I fixed all the slides on your Power Point. パワーポイントのスライドを修正しました。	I really appreciate it. ありがとうございます。助かりました。
211 Would you like some coffee? コーヒーはいかがですか？	I'm fine. Thanks anyway. いや、今は結構です。でも、ありがとう。 ● I'm fine. は「結構です」。もちろん No, thanks. でも OK だが、I'm fine. No, thanks. と続けるとよりていねい。

Knock Test Audio 051
最後にノックを聞いて答えよう。

205	206	207	208	209	210	211

お礼のドレミ　応用
Thanks for...　～をありがとうございます。

Coach's Advice Thanks. と Thank you. の違いはフォーマルかカジュアルかではない。してくれたことの大きさで使い分けるのが普通。ビジネス上でも、本当にコラボレーションするのであればどちらも使う。Thank you. だけ使うお礼はもう卒業しよう。

Knock	Return (Audio 052)
212 今日は、お時間をありがとうございます。	Thanks for your time today. ●わざわざ時間を作ってくれた人が、自分より職位が低くてもしてくれたことの重要度が高い場合には、ワンランク上の Thank you so much for your time. にしてみようね。
213 メールをありがとうございます。	Thanks for your e-mail.
214 お返事、ありがとうございます。	Thanks for your reply.
215 アドバイスをありがとうございます。	Thanks for your advice.
216 昨日は、ご協力ありがとうございました。	Thanks for your help yesterday.
217 先日はいろいろとありがとうございました。	Thanks for everything the other day. ●このフレーズには your は入りません。

Knock Test Audio 053
最後にノックを聞いて答えよう。

212	213	214	215	216	217

Knock	Return
218 お電話ありがとうございます。	**Thanks for calling.** ●よく聞く間違いは Thank you for your calling.。Your+名詞 call / reply / e-mail 。動詞の calling / coming などには your を入れて your calling / your coming と言わないように。
219 教えてくれてありがとうございます。	**Thanks for reminding me.** ●remind は「思い出す」という意味。reminding me で「(私に)思い出させてくれたこと」になる。忘れてしまっているときに、言ってくれるのはありがたいよね。
220 (そういえば) 言ってくれてありがとうございます。	**Thanks for mentioning that.**
221 ご清聴いただき、ありがとうございました。	**Thank you so much for listening.**
222 お招きいただき、ありがとうございます。	**Thank you so much for inviting me.**
223 ご足労いただき、ありがとうございます。	**Thank you so much for coming all the way here.**

Knock Test Audio 053
最後にノックを聞いて答えよう。

218	219	220	221	222	223

お礼に応えるドレミ
Sure.（ド♪）から Don't mention it.（シ♪）まで

Coach's Advice 典型的な You're welcome.「どういたしまして」は普段の会話ではほとんど使わない。それは、「やってあげた」というニュアンスが強くなってしまうから。ビジネスの場面や日常で使う自然な言い方をマスターしよう。ポイントは「お礼なんてとんでもない」という否定の気持ちから入ること。

Repeating コーチの後に続いてテンポよくド～シのフレーズをリピート。

ノックの流れ　日 →（英）→ 英 →（英）→ 英３回 →（英３回）
※（ ）はあなたが答えるところ。青字はコーチ。

224-230　Audio 054

ド	Sure.	いいですよ。
レ	Sure. No problem.	（全然）いいですよ。／かまいません。
ミ	Sure. Anytime.	気にしないでいいですよ。
ファ	It's no problem.	とんでもない。
ソ	No. Thank YOU. I should thank you. とも言える。	（意）いやいや、こちらこそ。 （直）お礼を言うのはこっちですよ。
ラ	It's my pleasure.	（意）お役に立ててよかったです。 （直）よろこんで。
シ	Don't mention it.	とんでもありません。

♪ [番外編]

Yo ～ u're welcome.

You're welcome が使われるのは、例えば学校での先生と生徒のやりとりのような、関係性がはっきりしているシチュエーションくらい。それでもいいかたのトーンを変えて、親しい間柄で使うこともある。せっかくだから、ふたつの You're welcome. もゲットしよう。

- 明るいトーン　You're welcome!　はい、どうも！
- 暗いトーン　You're welcome.　どういたしまして

Knock Test Audio 055
最後にノックを聞いて答えよう。

ド	レ	ミ	ファ	ソ	ラ	シ

In Action Advice

自分の気持ちに合わせて、お礼に対する返事をしてみよう。回答例は例なので、そのとおりの答えじゃなくても大丈夫。気持ちを込めて返事をすることが大切。

	Knock	Return (Audio 056)
231	Thanks. サンキュ。	Sure. いいよ、いいよ。
232	Thanks a lot. ありがとうございます。	Sure. No problem. かまいませんよ。
233	Thanks a lot for the coffee. コーヒー、ありがとう。	Sure. Anytime. 気にしないで。
234	Tha ～ nk you. ありがとうございます。	It's no problem. とんでもない。
235	Thank you for everything yesterday. 昨日はいろいろとありがとう。	No. Thank YOU. いえ、こちらこそ助かります。
236	I really appreciate your careful review of the contract. 契約書を細かくレビューしていただいて助かります。	You're welcome. It's my pleasure. どういたしまして。お役に立ててよかったです。
237	Thank you so much for handling that rude custmer. さきほどの無礼なお客様に対応していただき、ありがとうございました。	Don't mention it. とんでもありません。

Knock Test Audio 057
最後にノックを聞いて答えよう。

231	232	233	234	235	236	237

お詫びのドレミ
Oh, sorry.（ド♪）から I'm SO sorry. I'll...（シ♪）まで

Coach's Advice お礼に比べると、お詫び、それも重みのあるお詫びを言う状況は少ないかもしれない。日本のビジネスはとても慎重に進められているから。もし、お詫びばかりの毎日だったら、少し Thanks. の表現が増えるようにシフトしてみるといい。さて、ここではお詫びのドレミ表現、特にちょっとした「ごめん」にも Sorry about that. を返せるようにして。I'm sorry. だけのお詫びを卒業しよう。

Repeating コーチの後に続いてテンポよくド〜シのフレーズをリピート。

ノックの流れ　日 →（英）→ 英 →（英）→ 英3回 →（英3回）

※（　）はあなたが答えるところ。青字はコーチ。

〈238-244〉 Audio 058

ド	Oh, sorry. お互いにわるいときに使う。	あ、ごめん。
レ	Sorry about that.	ごめんね。
ミ	I'm sorry about that. このレベルから深刻な問題について謝るときに使うようになる。	すみません。
ファ	I'm sorry to keep... 「電話応対に便利なお詫び表現」参照（→ *p.*76）。 ※ここから先は親密な人づきあいの関係性で使うことが多い。	〜させて、すみません。
ソ	I'm SO sorry about that.	申し訳ありません。
ラ	I'm SO sorry + 1文	〜してしまい、すみませんでした。
シ	I'm SO sorry about that. I'll... (right away). 「お詫びのドレミ　応用」参照（→ *p.*58）。	申し訳ありません。すぐにやります。（今度は〜します。）

Knock Test Audio 059
最後にノックを聞いて答えよう。

ド	レ	ミ	ファ	ソ	ラ	シ

In Action

	Knock	Return (Audio 060)
245	Excuse me. あのー、すみません。	Oh, sorry. あ、すみません。
246	Is this my copy or yours? これ、私のコピーですか、それともあなたのですか？	It's yours. Sorry about that. あ、ごめんなさい。
247	You forgot to attach the file in your e-mail. メールにファイルを添付し忘れてましたよ。	I'm sorry about that. すみません。
248	（電話の呼び出し音♪）Hello... もしもし。	Hello. I'm sorry to keep you waiting. お待たせしてすみません。
249	Kei, we don't have enough copies... ケイさん、コピーが足りないのですが……。	I'm SO sorry about that. 申し訳ありません。
250	Oh, Kei. You are finally here. ケイさん、やっと来ましたね。	I'm SO sorry I'm late. 遅刻してすみませんでした。
251	Don't we have a meeting now? 今から、ミーティングじゃなかったでしたっけ？	I'm SO sorry about that. I'll be there right away. 申し訳ありません。すぐにまいります。

Knock Test Audio 061

最後にノックを聞いて答えよう。

245	246	247	248	249	250	251

お詫びのドレミ　応用
I'm sorry. + ...right away. すみません。すぐに……

Coach's Advice お詫びには理由を述べる場合と述べない場合がある。ビジネスマナーにもいろいろあるが、些細なミスは理由を述べると言い訳のように聞こえてしまうことがあるので、理由を伝えるより I'll... right away.「すぐに～します」と言うことが大事。

Knock	Return (Audio 062)
252 すぐに確認いたします。	I'll check it right away.
253 すぐにまいります。	I'll be there right away.
254 すぐにお送りいたします。	I'll send it right away.
255 すぐに修正してみます。	I'll try to fix it right away.
256 すぐに新しいのを見つけてみます。	I'll try to find a new one right away.
257 すぐに彼に電話します。	I'll call him right away.

Knock Test Audio 063
最後にノックを聞いて答えよう。

252	253	254	255	256	257

In Action Advice

迷ったら、I'll do that right away.「すぐにやります」がいいが、以下の回答例も参考にして、お詫びの2ステップ（2文で答える）Sorry. + I'll... right away. のクイック応対表現を言ってみよう。

Knock	Return (Audio 064)
258 I couldn't read your e-mail. The letters were unreadable. メールが読めませんでした、文字化けしていて……。	I'm sorry about that. I'll check it right away. すみません。すぐに確認いたします。 ●「文字化け」は The letters / Your mail was... で始めて unreadable がいいかも。
259 Your e-mail had no attached file. メールに添付ファイルがなかったのですが……。	I'm sorry about that. I'll resend it right away. すみません。すぐに再送します。 ●resend ではなく send でも OK。I'll get it to you. など。あなたの言いやすいほうでね。
260 （電話で呼び出されて） Doesn't the meeting start at 10:00? 会議は 10 時からじゃなかったでしたっけ？	I'm SO sorry about that. I'll be there right away. 申し訳ありません。すぐに伺います。
261 I can't open the old version of the files. Can you send it in the new version? 旧バージョンのファイルが開けないのですが、新しいバージョンで送っていただけますか？	Sorry about that. I'll send you a new one right away. すみません。新しいものをすぐにお送りします。
262 Where's your colleague Mr. Tanaka? Isn't he supposed to join us ? 田中さんはどこですか？　彼も同席するのではなかったのですか。	Yes. I'm SO sorry about that. I'll call him right away. はい、申し訳ありません。すぐに彼に電話します。
263 I ordered that, not this one. これではなく、あれを注文したのですが。	Oh, I'm SO sorry about that. I'll get that right away. 申し訳ありません。すぐにお持ちします。

Knock Test Audio 065
最後にノックを聞いて答えよう。

258	259	260	261	262	263

お詫びに応えるドレミ
No problem.（ド♪）から I understand.（シ♪）まで

Coach's Advice お詫びを言われたり、謝罪を受けたときに返せる自然で適切なことばをマスターしよう。このドレミは音が高くなるにつれて、少しずつ受け入れる事情が大きくなっていくが、どれも広く使える便利なものばかり。

Repeating コーチの後に続いてテンポよくド〜シのフレーズをリピート。

ノックの流れ　日 →（英）→ 英 →（英）→ 英３回 →（英３回）
※（　）はあなたが答えるところ。青字はコーチ。

〈264-270〉 Audio 066

ド	(It's) No problem.	【軽い否定】いえいえ。
レ	That's OK.	いいですよ。
ミ	Don't worry about it.	【否定しないが軽く慰める】（意）大丈夫です。（直）心配しないで。

Don't mind.「ドンマイ」はやめようね。

ファ	It's no big deal.	【慰める】たいしたことないです。
ソ	I don't mind.	お気になさらずに。気にしていませんよ。
ラ	No, I should apologize.	【歩み寄る】こちらこそすみませんでした。
シ	I understand.	【相手の過ち受け入れる】事情はわかりました。

♪［番外編１：相手の過ちに対して］

Well, just be careful next time, OK?	次回は気をつけてください。
That might be a problem.	マズイかも。

♪［番外編２：建設的な聞き返し］

What happened?	どうしました？
Where are you?	どこですか？
What should we do?	どうしましょうか？

Knock Test Audio 067
最後にノックを聞いて答えよう。

ド	レ	ミ	ファ	ソ	ラ	シ

In Action

Knock	Return (Audio 068)
271 Sorry. あ、ごめん。	No problem. いえいえ。
272 Sorry about that. ごめんね。	That's OK. いいですよ。
273 I'm sorry about that. すみません。	Don't worry about it. 大丈夫です。
274 I'm sorry to keep you waiting. お待たせして、すみません。	That's OK. I don't mind. いいですよ。お気になさらずに。 ●That's OK. に慰めの気持ちをプラスした合わせ技。
275 I'm SO sorry about that. ごめんなさい。申し訳ありません。	Don't worry about it. It's no big deal. 心配しないでください。たいしたことじゃありませんよ。 ●慰めの気持ちを続けて。
276 I'm sorry I was so drunk last night. 昨晩は飲み過ぎてしまい、すみませんでした。	It's no big deal. Don't worry about it. たいしたことじゃありませんよ。大丈夫ですよ。 ●慰めの気持ちを続けて。
277 I'm SO sorry about that. I'll do it right away. 申し訳ありません。すぐにやります。	I understand. It's no big deal. 事情はわかりました。たいしたことじゃありませんよ。 ●相手の過ちを受け入れて、慰める。

Knock Test Audio 069
最後にノックを聞いて答えよう。

271	272	273	274	275	276	277

Chapter 3

MASTERING TELECOMMUNICATION

電話応対を基礎からマスター

聞き返しフレーズや正確に相手に情報を伝えるためのテクニックを集中特訓。実際の電話をイメージしてチャレンジ！

He is not available right now.

100 200 300 400 500

英語での電話が難しいと感じてしまうのは、まず第一に、突然であること。そして相手が見えないこと。それに聞き慣れない声……。ほかの Chapter とは違って、ここでは電話の応対フレーズを何度も使うラリー式ノックをたくさん用意しています。特に電話応対では、紙面で覚えて勉強したことばがいくらたくさんあってもそれは邪魔になるだけ。*p.*70 にはとっさに使える必須表現を厳選しているので、それだけ覚えておけば急な電話応対にも困らないはず。ほかにもオールマイティ表現をたくさん紹介しているので、まるごとゲットしてね。

情報を聞き出す
May I have...？ ～をお願いします。

Coach's Advice ビジネスコミュニケーションに欠かせない定番表現がいつくかある。ここはそういった must have のフレーズを覚えていくチャプター。まずは情報やモノをお願いする May I have...？からいってみよう。

Knock	Return (Audio 070)
278 メールアドレスを教えていただけますか?	**May I have your e-mail address?** ●「教える」と聞いてすぐに teach と変換してはダメ。また「私に教えてください」のつもりで Please tell me... も NG。Would you please tell me...？もあるが、いちばんシンプルなのは May I have...？でしょう。
279 会社の電話番号を教えていただけますか?	**May I have your office number?**
280 名字をおうかがいできますか?	**May I have your last name?**
281 会社名をお教えくださいますか?	**May I have your company's name?**
282 スペルを教えていただけますか?	**May I have the spelling?** ●May I have spell? は文法的には正しくないが、意味は通じる。spelling がスタンダード。
283 具体的な日時を教えていただけますか?	**May I have the specific day and time?** ●「正確な」「具体的な」はどちらも specific で表せる。exact「的確な」よりも、使いやすい。
284 すみません。もう一度お名前をおうかがいできますか?	**Sorry. May I have your name again?**

Knock Test Audio 071
最後にノックを聞いて答えよう。

278	279	280	281	282	283	284

May I have
the specific
day and time?
12

Knock	Return
285 あちらのをいただけますか？	**May I have that one?**
286 名刺をいただけますか？	**May I have your business card?**
287 身分証を少しお預かりさせていただけますか？	**May I have your ID for a minute?**
288 契約書のコピーをいただけますか？	**May I have a copy of the contract?** ●「～のコピー」と言うときは、a copy of the... はスタンダードな言い方。
289 予備のコピーをいただけますか？	**May I have an extra copy?** ●「予備の」「もう１枚」などの an extra は便利。
290 サインをいただけますか？	**May I have your signature?** ●May I have your sign? ではないよね。
291 領収書をいただけますか？	**May I have a receipt?**

Knock Test Audio 071
最後にノックを聞いて答えよう。

285	286	287	288	289	290	291

情報を教える
Sure. It's... はい。～です。

Coach's Advice ここでは Sure. をゲットしよう。何かをお願いされたときは Yes. よりもこちらの Sure.「いいですよ／はい」のほうが一般的で感じがいい。

Knock	Return Audio 072
292 May I have your first name? 名前を教えていただけますか？	Sure. It's Kei. はい。ケイです。
293 May I have your last name? 名字を教えていただけますか？	Sure. It's Saito. はい。斉藤です。
294 May I have your e-mail address? メールアドレスを教えていただけますか？	Sure. It's ks77@pepper.jpn. はい。ks77@pepper.jpn です。
295 May I have the part before the @ ? @ マークの前の部分だけ教えていただけますか？	Sure. It's ks77. はい。ks77 です。
296 May I have your area code? 市外局番を教えていただけますか？	Sure. It's 03. はい。03 です。 ● 市外局番のことをアメリカでは area code、イギリスでは dialing code と言う。city code ではないので注意。例えば、国際電話をするときには 81+ 国番号＋市外局番を含めた電話番号（03-123-1234 など）、で通じる。
297 May I have your office number? 会社の電話番号を教えていただけますか？	Sure. It's 03-3411-123. はい。03-3411-123 です。

Knock Test Audio 073
最後にノックを聞いて答えよう。

292	293	294	295	296	297

In Action Advice

人に情報（電話番号や住所）を教えるときのポイント。それはあたまにIt'sをつけること。聞かれた情報をそのまま返しても通じるが、Sure.の後にIt'sと言ってから、答えを返すほうがていねい。

	Knock	Return
298	**May I have your fax number?** FAXの番号を教えていただけますか？	**Sure. It's 03-3411-321.** はい。03-3411-321です。
299	**May I have your cell phone number?** 携帯の番号を教えていただけますか？	**Sure. It's 080-8600-123.** はい。080-8600-123です。
300	**May I have your company's postal address?** 会社の住所を教えていただけますか？	**Sure. It's Shibuya-ku, Sakura-machi 1-2-3.** はい。渋谷区桜町1-2-3です。
301	**May I have the URL for your homepage?** ホームページのURLを教えていただけますか？	**Sure. It's www.pepper.jpn.** はい。www.pepper.jpnです。
302	**May I have the name of your Bank and the name of the Branch?** 銀行名と支店名を教えていただけますか？	**Sure. It's PNJ Bank, Chicago Branch.** はい。PNJ銀行、シカゴ支店です。
303	**May I have your account number?** 口座番号を教えていただけますか？	**Sure. It's 522511.** はい。522511です。

Knock Test Audio 073
最後にノックを聞いて答えよう。

298	299	300	301	302	303

正確な情報をゲットする復唱スキル
Confirming Information

Coach's Advice 電話のやりとりでは情報の確認が欠かせない。新しい情報であれば尚のこと。ここで復唱して間違いがないように確認しよう。今回はノックを聞いてメモを取り、リターンのときに記入した内容を復唱してみても OK。

Knock	Return (Audio 074)
304 **My name is Steve Soresi.** 名前はスティーブ・ソレイシィです。	**(Your name is) Steve Soresi.** （お名前は）スティーブ・ソレイシィさんですね。
305 **Right. My telephone number is 123-788-454.** そうです。電話番号は 123-788-454 です。	**(Your telephone number is) 123-788-454.** （お電話番号は）123-788-454 ですね。
306 **Right. My fax number is 123-088-567.** そうです。FAX 番号は 123-088-567 です。	**(Your fax number is) 123-088-567.** （FAX 番号は）123-088-567 ですね。
307 **Right. My company's website is pepper.jpn.** そうです。会社のウェブサイトは pepper.jpn です	**(Your website is) pepper.jpn.** （会社のウェブサイトは）pepper.jpn ですね。
308 **Right. My e-mail address is ss77@pepper.jpn.** そうです。メールアドレスは ss77@pepper.jpn です。	**(Your e-mail address is) ss77@pepper.jpn.** （メールアドレスは）ss77@pepper.jpn ですね。
309 **Right. My bank informaton is PNJ Bank, Chicago Branch, account number 522511.** そうです。銀行口座は PNJ 銀行シカゴ支店、口座番号は 522511 です。	**(Your bank account is) PNJ Bank, Chicago Branch, account number 522511.** （銀行口座は）PNJ 銀行シカゴ支店、口座番号は 522511 ですね。

Knock Test Audio 075
最後にノックを聞いて答えよう。

304	305	306	307	308	309

名前を伝えるテクニック
How to Tell Spelling

Coach's Advice 自分の名前などを正確に伝えなくてはならないときや、スペルを聞かれた場合に便利なこのテクニック。自分の名前の頭文字を何に例えるか覚えて、いざというときにすぐに使えるようにしておこう。

Knock	Return (Audio 076)
310 **May I have the spelling of your first name?** お名前のスペルを教えていただけますか？	**Sure. It's K-E-I. Kei.** はい。K-E-I でケイです。
311 **May I have the spelling of your family name?** 名字のスペルは？	**Sure. It's S-A-I-T-O. Saito.** はい。S-A-I-T-O で斉藤です。
312 （なかなか伝わらない相手に） **Could you spell OUT your first name for me?** 名前のスペルを教えていただけますか？	**Sure. It's K-E-I. K like Kenya, I like Ireland, E like England. It's KEI.** はい。K-E-I です。ケニアの K、アイルランドの I、イギリスの E、ケイです。 ●例としてあげるものは国名や都市名だとわかりやすい。
313 **May I have your website address?** ウェブサイトのアドレスを教えていただけますか？	**Sure. It's pepper.jpn.** はい。pepper.jpn です。
314 **May I have your e-mail address?** メールアドレスを教えていただけますか？	**Sure. It's ks77@pepper.jpn** ks77@pepper.jpn です。
315 **Could you spell out your e-mail address before the @?** メールアドレスの@マークより前の部分を教えていただけますか？	**Sure. It's K like Kenya, S like Singapore, the number 7, and the number 7.** はい。ケニアの K、シンガポールの S、数字の 7、数字の 7です。

Knock Test Audio 077
最後にノックを聞いて答えよう。

310	311	312	313	314	315

電話応対の必須表現集
Receiving a Basic Business Call

Coach's Advice ビジネスでの電話応対をこなすための表現と最も基本的な表現を、ここで6こマスターしよう。電話は、何度も聞き直しすることはあらかじめ覚悟しておいて。英語だからではなく、それが日本人同士でも聞き返しが頻繁に起こるはず。

Knock	Return (Audio 078)
316 ペッパー印刷の斉藤ケイと申します。	**This is Kei Saito from Pepper Printing.** ●This is 自分の名前 + 社名 .
317 少々お待ちください。	**Just a moment, please.**
318 お名前をいただけますか？	**May I have your name?** ●欲しい情報を入れ換えてこのフレーズをどんどん使おう。May I have your company name / number again please?「会社のお名前（番号）をもう一度いただけますか」。
319 もう一度お願いします。	**Would you say that again?** ●ダントツトップの英語電話表現。聞きなおしは恥ずかしいことではなく、強い会話力の証。
320 彼はただ今電話に出られません。申し訳ございません。	**He's not available right now. I'm sorry about that.** ●席をはずしているときや、接客中などもオールマイティーにカバー。
321 折り返します。	**I'll call back.** ●相手に折り返しをお願いするときは、Can you call back?。

Knock Test Audio 079
最後にノックを聞いて答えよう。

316	317	318	319	320	321

もっとも簡単な電話ラリー　(1)
Basic Telephone Rally

Coach's Advice 電話は必ずしも自分にダイレクトにかかってくるとは限らない。他の人への電話をつなぐのも大切な役割。下のラリーでは、あなたと同じ社内にいる加藤さん宛てにかかってきた電話をつなげる応対にチャレンジ。

Audio 080

Rally 1 指示：電話を受けて加藤さんにつなげる 〈322-323〉

Return

(トゥルルルルル……)　(ペッパー印刷でございます)

Hello? Do you speak English? …… Just a little.

May I have Mr. Kato? …… Sure. Just a moment, please. ⬢

……(ペッパー印刷でございます)

もしもし。英語は話せますか？ …… 少しですが。

加藤さんはいらっしゃいますか？ …… はい。少々お待ちください。

⬢ 間違えて、hold the line と言わないように。 そして、「今代わります」は change ではなく Just a moment please. で。

Rally 2 指示：社名を伝えてから加藤さんにつなげる 〈324-326〉

Return

(トゥルルルルル……)　(ペッパー印刷でございます)

Hello? Do you speak English? …… Just a little.

Hi. This is Omar from SALT Publishing. …… Hello. This is Pepper Printing.

May I have Mr. Kato? …… Sure. Just a moment, please.

……(ペッパー印刷でございます)

もしもし。英語は話せますか？ …… 少しですが。

どうも。SALT出版のオマールと申します。 …… お世話になっております。ペッパー印刷でございます。

加藤さんはいらっしゃいますか？ …… はい。少々お待ちください。

Knock Test Audio 081

最後にノックを聞いて答えよう。

Rally 1 322-323　Rally 2 324-326

もっとも簡単な電話ラリー （2）
BASIC Telephone Rally

Coach's Advice

Audio 082

次は、同僚の加藤さんがいないときの電話ラリー。加藤さんがいないとき、もしくは今電話に出られないという状況のオールマイティ表現は、He is not available right now.「今電話に出られません」。そして Rally 2 では、復唱スキルを使って、伝言を受けてみよう。

He is not available
right now.

Rally 1 指示：電話を受けて、加藤さん（同僚）の不在を伝える 〈327-332〉

	Return
(トゥルルルルル……)	(ペッパー印刷でございます)
Hello? Do you speak English?	Just a little.
Hi. This is Omar Little from SALT Publishing.	Hello. This is Kei Saito.
How're you doing?	Good. And you?
Good, thanks. May I have Mr. Kato?	I'm sorry. He is not available right now.
OK. I'll call back.	OK. Sorry about that.
No problem. B'bye.	B'bye.

	(ペッパー印刷でございます)
もしもし。英語は話せますか？	少しですが。
どうも。SALT 出版のオマール・リトルと申します。	どうも。斉藤ケイです。
お世話になっております。	どうも。お世話になっております。
どうも。加藤さんはいらっしゃいますか？	申し訳ありません。加藤はただいま席をはずしております。
では、またかけ直します。	了解しました。どうもすみません。
とんでもありません。では。	失礼いたします。

Coach's Advice

英語の電話応対で使えるアドバイスをひとつ。「お電話かわります」のときに change を思い浮かべてしまうが、オススメなのはオールマイティ表現 Just a moment, please.。ちなみに何かを「渡す」ときに pass や hand を使うと間違いを引き起こすもとになる。いちばんよいのは常に give を使うこと。例えば「プリントを配布する」は give everyone a copy、「受話器を渡す」ときは I'll give the phone to... としてもよい。

Rally 2 指示：「加藤さん不在」のため、伝言を受ける 〈333-342〉

※必要な情報はメモを取って記入しながら応対しましょう。

	Return
(トゥルルルルル……)	(ペッパー印刷でございます)
Hello? Do you speak English?	Just a little.
This is Omar Little from SALT Publishing.	Hello. This is Kei Saito.
Hi. How're you doing?	Good. And you?
Good, thanks. May I have Mr. Kato?	I'm sorry. He is not available right now.
Can you give him a message?	Sure. Go ahead.
This is Omar. That's O-M-A-R.	OMAR.
Yeah, my number is 090-123-3345.	090-123-3345.
Right. I'll be here until 6:30 tonight.	Untill 6:30.
Right. Thanks a lot.	Sure. Thanks for calling.
B'bye.	B'bye

	(ペッパー印刷でございます)
もしもし。英語は話せますか？	少しですが。
どうも。SALT 出版のオマール・リトルと申します。お世話になっております。	どうも。斉藤ケイです。
お世話になっております。	どうも。お世話になっております。
どうも。加藤さんはいらっしゃいますか？	申し訳ありません。加藤はただいま席をはずしております。
では、伝言をお願いできますか？	かしこまりました。どうぞ。
私の名前はオマール、O-M-A-R です。	オマールさんですね。
電話番号は 090-123-3345 です。	電話番号は 090-123-3345 ですね。
今晩は 6 時半までおりますので。	6 時半までですね。
はい。どうもありがとうございます。	はい。お電話ありがとうございました。
では、失礼します。	失礼いたします。

Knock Test Audio 083

最後にノックを聞いて答えよう。

Rally 1 327-332　Rally 2 333-342

自分から電話をかける
Making a Call

Coach's Advice いよいよ、自分からかける電話にチャレンジ。自分の名前と会社名をつげてから、May I have... ?で人の呼び出しや、Would you... ?のフレーズで伝言をお願いしてみて。自分の名前を名乗るときには、名字だけではなく、名前かフルネームで言うようにね。電話では、I'm... よりもThis is... が自然。

Audio 084

Rally 1 指示：相手が不在のため折り返すことを伝える 〈343-348〉

	Return
	(トゥルルルルル……)
Hello. Gallileo Inc.	Hi. This is Kei Saito from Pepper Printing.
Sorry? May I have your name again?	Sure. It's Kei Saito from Pepper Printing.
OK. How can I help you?	May I have Mr. Jefferson?
I'm sorry. He is not here right now.	OK. I'll call back later.
OK. Sorry about that.	Sure. No problem.
B'bye.	B'bye.

ハイ、ガリレオ社でございます。	どうも。ペッパー印刷の斉藤ケイと申します。
すみません。もういちどお名前をおねがいします。	ペッパー印刷の斉藤ケイと申します。
ご用件は？	はい。ジェファーソンさんはいらっしゃいますか？
申し訳ありません。今席をはずしているのですが。	わかりました。では後でかけなおします。
申し訳ありません。	いえ、大丈夫です。
では、失礼いたします。	失礼いたします。

Rally 2 指示：電話があったこと、自分の名前、社名を伝言する 〈349-355〉

	Return
	(トゥルルルルル……)
Hello. Gallileo Inc.	Hi. This is Kei Saito from Pepper Printing.
Hi. How're you ?	Good, thanks. May I have Mr. Jefferson?
I'm sorry. He is not available right now.	Would you tell him that I called?
I'm sorry. May I have your name again?	Sure. It's Kei Saito from Pepper Printing.
Kei Saito from Pepper Printing.	That's right.
OK. I'll tell him that you called.	Thanks a lot.
B'bye.	B'bye.

OK. I'll call back later.
He's not here right now.

ハイ、ガリレオ社でございます。 ……… どうも。ペッパー印刷の斉藤ケイと申します。
お世話になっております。 ……… お世話になっております。ジェファーソンさんはいらっしゃいますか？
申し訳ありません。今席をはずしているのですが。…… わかりました。電話があったことをお伝えいただけますか？
すみません。お名前をもう一度よろしいですか。……… はい。ペッパー印刷の斉藤ケイです。
ペッパー印刷の斉藤ケイさんですね。 ……… そうです。
わかりました。お電話があったことをお伝えしておきます。……… ありがとうございます。
失礼いたします。 ……… 失礼します。

Rally 3 指示：相手につなげてもらう 〈356-363〉

Return
(トゥルルルルル……)

Hello. Gallileo Inc. ……… Hello. May I have Mr. Jefferson?
Sorry? Would you say that again? ……… Sure. May I have Mr. George Jefferson?
Yes. And may I have your name? ……… This is Kei Saito from Pepper Printing.
Hi. How're you today? ……… Good, thanks. And you?
Good, thanks. OK. Just a moment, please. ……… Thanks.
Hello. Kei. ……… Hello. George.
I was just about to call you. ……… Really?
Yes. How are you? ……… Good. And you?

ハイ、ガリレオ社でございます。 ……… もしもし。ジェファーソンさんいらっしゃいますか？。
すみません。もう一度よろしいですか？ ……… はい。ジョージ・ジェファーソンさんをお願いします。
お名前をよろしいですか？ ……… ペッパー印刷の斉藤ケイです。
いつもお世話になっております。 ……… どうも、お世話になっております。
どうも。少々お待ちください。 ……… ありがとうございます。
[電話をつなぐ]
お世話になっております。 ……… どうも、お世話になっております。
今ちょうど電話しようと思ってたところだったんです。……… そうですか？
はい。お元気ですか？ ……… ええ、あなたは？

Knock Test Audio 085
最後にノックを聞いて答えよう。

Rally 1 343-348	Rally 2 349-355	Rally 3 356-363

400

電話応対に便利なお詫び表現
I'm sorry to (keep)... ずっと~させて（して）すみません

Coach's Advice Sorry to keep... の発音ヒントは [サレタキ p] のようにくっつけて言うこと。後ろにつく動詞と音をくっつけて言うことがポイント。音声をよーく聞いて、すばやく言えるように練習しよう。

Knock	Return (Audio 086)
364 何度もすみません。 （直）質問ばかりしてすみません。	Sorry to keep asking.
365 何度もお邪魔してすみません。	Sorry to keep bothering you. ●「何度もお手数をおかけしてすみません」もこれ。
366 何度もお邪魔して申し訳ありません。	I'm SO sorry to keep bothering you.
367 何度も予定を変更してすみません。	Sorry to keep changing the plans.
368 お待たせしました。	Sorry to keep you waiting. ●待たせてしまった時間が少しの場合。
369 お待たせして申し訳ありません。	I'm SO sorry to keep you waiting. ●待たせてしまった時間がかなり長かった場合。

Knock Test Audio 087
最後にノックを聞いて答えよう。

364	365	366	367	368	369

In Action Advice

「～して、すみません」は電話でよく使うお詫び。ここではI'm sorry to keep... のフレーズを使ったラリーに挑戦してみよう。回答例どおりに答えることを目標とするのではなく、自分なりの回答で何往復できるかを目標にして頑張って。本を見ないでこの9往復、最後まで達成できるようにね。

Audio 088

Rally 1 指示：聞き返しに答えてから、かけ直すことを伝える 〈370-378〉

	Return
	(トゥルルルルル……)
Hello. Movin Up Inc.	May I have Louise Jefferson?
Yes. May I have your name?	Sure. It's Kei Saito.
Thanks. Just a moment, please.	OK.
Hello again. I'm sorry, may I have your name again?	Sure. It's Kei Saito.
Thanks. Sorry to keep asking.	No problem.
Hello again. Ma'am, are you still there?	Yes.
I'm SO sorry to keep you waiting.	I understand.
Louise isn't available right now.	I'll call back later.
OK. Sorry about that. And have a nice day.	Thanks. You too.

もしもし。ムーヴィンアップ社です。	ルイーズ・ジェファーソンさんをお願いします。
はい。お名前をお願いします。	はい。斉藤ケイです。
ありがとうございます。少しお待ちいただけますか？	はい。
あ、もしもし。すみません。もう一度お名前をいただけますか？	はい、斉藤ケイと申します。
ありがとうございます。何度もすみません。	いえいえ。
もしもし。聞こえますか？	はい。
お待たせして申し訳ありません。	大丈夫ですよ。
ルイーズはただいま（立てこんでいまして）電話に出られません。	では後ほどかけなおします。
わかりました。すみません。では、よい1日を。	ありがとう。あなたもよい1日を。

● 自分の名前を名乗るときは、名字だけではなく、フルネームかファーストネーム（名前）で。

Knock Test Audio 089 Rally 1 370-378

最後にノックを聞いて答えよう。

電話での予定の変更・確認
Confirming and Changing Plans

Coach's Advice

Audio 090

電話は緊急の場合にもっとも信頼できる伝達手段。ここでは時間や予定の変更、そして遅刻しそうなときの表現をマスターしよう。遅れる時間を伝えるときの便利表現は I'm running + 時間 + late。late15 minutes ではなく、(～分) + late. の法則でね。

I'm running 15 minutes late.
I'm SO sorry about that.

Rally 1 指示：明日の約束の時間を確認する 〈379-385〉

	Return
	(トゥルルルルル……)
Hello.	Hello. Sam.
Oh, Hi. Kei. How are you?	Good. I just wanna confirm tomorrow's time.
Sure. Good idea. We start at 2:00, right?	Yes. That's right.
And we are going to meet at 1:40 at the ticket gate.	Right.
Good. Oh, may I have your cell phone number just in case?	Sure. It's 090-321-1234.
OK. Thanks.	Sure. No problem.
OK. See you tomorrow at 1:40.	See you then.

もしもし。	もしもし。サムさん。
どうも、ケイさん。こんにちは。	どうも。えっと、明日の時間を確認したかったのですが。
はい。いいですね。2時からですよね？	はい。そうです。
そして、1時40分に改札で待ち合わせのはずです。	そうです。
よかった。あ、念のために電話番号を教えていただけますか？	はい。090-321-1234です。
わかりました。ありがとうございます。	いえ。
はい。では明日1時40分に。	それでは明日。

Rally 2 指示：待ち合わせ時間の変更を受ける 〈386-392〉

	Return
Hi. Kei.	Hi. Sam.
Kei, may I ask a favor?	Sure. Go ahead.
Can we start at 4:00 instead of 2:00?	OK.
Thanks a lot. I have so much work to do.	I understand.
Thanks. I'll see you at the station at 4pm.	Sure. That sounds good.
I'm sorry about the change.	It's no problem.
Thanks a lot. So, see you tomorrow.	See you then.

どうも。ケイさん。	こんにちは。サムさん。
お願いがあるのですが。	はい。どうぞ。
2時ではなくて、4時に待ち合わせにできますか？	いいですよ。
ありがとうございます。やることがたくさんありすぎて。	（事情は）わかります。
ありがとう。4時に駅で会いましょう。	はい。そうしましょう。
変更してすみません。	大丈夫ですよ。
ありがとう。では、明日。	では。そのときに。

Rally 3 遅刻の連絡をする 〈393-398〉

	Return
Hello.	Hi. Sam.
Hi. Kei.	Uh, I'm running 15 minutes late. I'm SO sorry about that.
That's OK. Don't worry about it.	Thanks. I'll hurry.
Is everything OK?	Yeah. I had a problem with my printer.
OK. I'll see you soon.	See you soon.
B'bye.	B'bye.

もしもし。	どうも。サムさん。
どうも、ケイさん。	実は、15分遅刻しそうなんです。申し訳ありません。
いいですよ。ご心配なく。	ありがとうございます。急ぎますので。
何かありましたか？	ええ。プリンターの調子が悪くて。
わかりました。では後で。	では、後ほど。
失礼します。	失礼します。

Knock Test Audio 091

最後にノックを聞いて答えよう。

Rally 1 379-385 | Rally 2 386-392 | Rally 3 393-398

公共機関に電話する
Making a Call for Government Office

Coach's Advice 次は取引先ではなく、公共機関への電話。外国の大使館に電話をかけて滞在資格（VISA）の申請のやりとりをラリーでやってみよう。今までやってきた電話応対の基本をすべて使って、このロングラリーを頑張って。

Audio 092

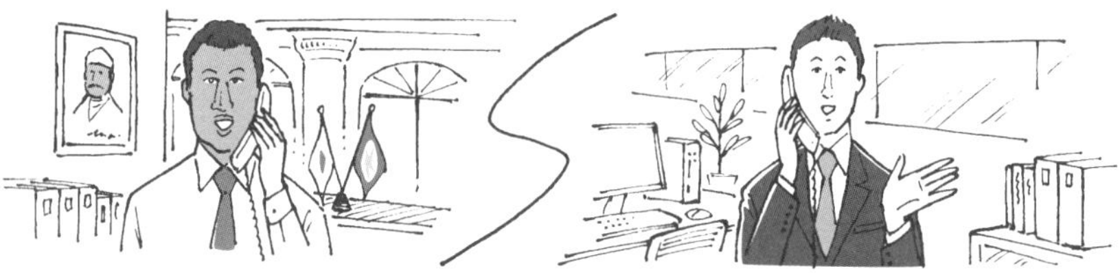

Rally 1 指示：VISA 担当を呼び出し、不在のため折り返すことを伝える 〈399-404〉

	Return
	(トゥルルルルル……)
Hello. Embassy of Gozaijeria.[1]	Hello. I'd like to apply for a VISA.
All right. Just a moment, please.	Thanks.[2]
I'm sorry. The VISA desk is closed right now.	Oh, OK. I'll call back.
Actually we'll be closed in 10 minutes. Would you call tomorrow?	Sure.
We open at 10am.	OK. Thanks a lot.
My pleasure. B'bye.	B'bye

はい。ゴザイジリア大使館でございます。	もしもし。ビザを取得したいのですが。
かしこまりました。少々お待ちください。	ありがとうございます。
申し訳ありません。ビザの担当部署が現在閉まっておりまして。	そうですか。では、またかけ直します。
あと 10 分で閉館になりますので、明日かけ直していただけますか？	わかりました。
朝は 10 時開館です。	はい。ありがとうございます。
では、失礼いたします。	どうも。

[1] Gozaijeria は架空の国名。
[2] Sure. ではない。

Rally 2 VISA 担当を呼び出し、書類を申請する 〈405-416〉

	Return
	(トゥルルルルル……)
Hello. Embassy of Gozaijeria.	Hello. I'd like to apply for a VISA.
All right. Just a moment, please.	Thanks.
This is the VISA desk.	Hi. I'd like to apply for a VISA.
What is the purpose of your VISA?	Uh, I'm not sure.
Travel or business?	Uh, for business.
How long are you staying?	About a week.
All right. I can send the application information by e-mail. Or you can check our web site. Which is better for you?	May I have the information by e-mail?
Of course. May I have your name?	It's Kei Saito.
All right. May I have your e-mail address?	It's sk77@pepper.jpn
I'm sorry. May I have the part after the @ again?	Sure. It's pepper.jpn.
All right. We'll send you the application by e-mail.	OK. Thanks a lot.
My pleasure. G'bye.	B'bye.

はい。ゴザイジリア大使館でございます。	もしもし。ビザを取得したいのですが。
かしこまりました。少々お待ちください。	はい。
ビザデスクです。	もしもし。ビザを取得したいのですが。
目的は何でしょうか?	ちょっとよくわからないのですが。
旅行ですか、お仕事ですか?	仕事です。
滞在期間はどれくらいですか?	1週間くらいです。
かしこまりました。申し込み書をメールでお送りすることもできますし、大使館のサイトから申し込むこともできます。どちらがよろしいですか?	メールで送っていただけますか。
かしこまりました。お名前をよろしいですか?	斉藤ケイです。
はい。メールアドレスは?	sk77@pepper.jpn です。
すみません。@マークの後半をもう一度教えていただけますか?	pepper.jpn です。
申込書をメールでお送りいたしますので。	わかりました。ありがとうございます。
では、失礼いたします。	どうも。

Knock Test Audio 093

最後にノックを聞いて答えよう。

Rally 1 399-404 | Rally 2 405-416

留守番電話で要件を伝える
Telephone - Leaving a Messsage

Coach's Advice 留守番電話で、相手に伝わるメッセージを伝えるというのもひとつのテクニック。自分の情報と、用件をうまく伝えるための基本的なステップをビルドアップ形式で身につけよう。留守電は、会話ではなく、ひとりで話す時間が長いので、長文をひとりで言えるようにするのにはぴったりの練習。

Audio 094

Rally 1 指示：留守電に名前、社名、折り返すことをふきこむ 〈 4:17 〉

(トゥルルルル……) 留守電メッセージ再生▶ Hello. This is Omar Little of SALT Publishing. I'm sorry I can't come to the phone right now. Please leave a message... Have a nice day! (ピーッ)●

コーチのお手本

Hi Omar.	こんにちは、オマールさん。
This is Steve Soresi from Soreken Labs.	ソレイシィ研究所のスティーブ・ソレイシィです。
I'll call back later.	後ほどかけ直します。
B'bye.	失礼します。

次はあなたの番です

※留守番電話メッセージが流れます。(ピーッ)の音の後にメッセージをどうぞ。

留守電メッセージ再生▶

Return

Hi Omar.	こんにちは、オマールさん。
This is Kei Saito from Pepper Printing.	ペッパー印刷の斉藤ケイです。
I'll call back later.	後ほどかけ直します。
B'bye.	失礼します。

● 冒頭の Hello. This is... はくっつくけて言うことがポイント。Hello. と This の間に間を入れてしまうと、留守番電話のメッセージだということが伝わりにくい。

Knock Test Audio 095 Rally 1 4:17

最後にノックを聞いて答えよう。

Rally 2 名前、社名、折り返してほしいこと、自分の電話番号をふきこむ 〈4:18〉

(トゥルルルルル……) 留守電メッセージ再生▶ Hello. This is Florence Evans of Pepper Printing. I'm sorry I can't come to the phone right now. Just leave a message after the beep! Thanks.(ピーッ)

コーチのお手本

Hi.	こんにちは。
This is Steve Soresi from Soreken Labs.	ソレイシィ研究所のスティーブ・ソレイシィです。
Can you give me a call?	お電話いただけますか？
When you have a chance? ❶	お時間のあるときに。
My number is 123-788-454.	私の番号は 123-788-454 です。
That's 123-788-454. ❷	123-788-454 です。
I'll be in the office until 8:00 today.	今日は8時まで会社にいます。
Thanks. B'bye.	それでは、失礼します。

次はあなたの番です

※留守番電話メッセージが流れます。(ピーッ)の音の後にメッセージをどうぞ。

留守電メッセージ再生▶

Return

Hi.	こんにちは。
This is Kei Saito from Pepper Printing.	ペッパー印刷の斉藤ケイです。
Can you give me a call?	お電話いただけますか？
When you have a chance?	お時間のあるときに。
My number is 080-8600-123.	私の番号は 080-8600-123 です。
That's 080-8600-123.	080-8600-123 です。
I'll be in the office until 8:00 today.	今日は8時まで会社にいます。
Thanks. B'bye.	それでは、失礼します。

❶ 緊急の場合には、as soon as you hear this message.「メッセージを聞いたらすぐに」または ASAP とするとよい。

❷ 電話番号はリピートするのがいちばん安心。

Knock Test Audio 095 Rally 2 4:18

最後にノックを聞いて答えよう。

電波や機材のトラブルを伝えるテクニック
Telecommunication Trouble

Coach's Advice この表現をオススメするのは主語が You ではなく There is... の構文になっていること。責任の所在を相手に置くのではなく、「〜がおかしいみたいですよ」とすることで相手にもソフトに問題点を伝えることができる。

Knock	Return (Audio 096)
419 マイクの調子が悪いようです。	**There's a problem with the mic.** ●マイクは microphone でも OK。
420 オーディオの調子が悪いようです。	**There's a problem with the audio.**
421 ビデオの調子が悪いようです。	**There's a problem with the video.**
422 Wi-Fi の調子が悪いようです。	**There's a problem with the Wi-Fi.** ●「もしかして〜」を言うときは、先頭に Maybe をつけるとよい。
423 接続の状態が悪いようです。	**There's a problem with the connection.** ●Skype ではよく使う。
424 受信状態が悪いようです。	**There's a problem with the reception.** ●携帯のバッテリーや電池が切れたときは、My battery's dead.

Knock Test Audio 097
最後にノックを聞いて答えよう。

419	420	421	422	423	424

In Action

Audio 098

Rally 1 指示：Skype でのトラブルに対応する 〈425-432〉

	Return
G'morning.	G'morning.
Are you ready to Skype?	Yeah.
Oh sorry. There's a problem with the audio. Can you hear me?⬢	Yeah. Can you hear me?
Maybe there's a problem with my Wi-Fi. Just a moment.	OK.
<ポーズ>	
Can you hear me now?	Yeah. Can you hear me now?
Yeah. Sorry about that.	No problem.
OK. I can hear you fine now.	That's good.
So let's begin.	Yeah. Let's begin.

おはよう。	おはよう。
スカイプの準備はいいですか？	いいですよ。
あれ、ごめん。オーディオの調子が悪いみたい。もしもし、聞こえますか？	はい。もしもし、聞こえますか？
もしかしたら、私の Wi-Fi の調子が悪いのかもしれません。ちょっと待ってくださいね。	はい。
（ポーズ）	
もしもし、聞こえますか？	はい。もしもし聞こえますか？
はい。すみませんでした。	いえ、こちらこそ。
そうですか。今はよく聞こえますよ。	それはよかった。
では、始めましょう。	はい、始めましょう。

⬢「もしもし、聞こえますか？」というようなやりとりは、この Can you hear me? をよく使う。

Knock Test

Audio 099 Rally 1 425-432

最後にノックを聞いて答えよう。

Chapter 4

BUSINESS SCHEDULING

スケジューリングノック

ビジネスでは欠かせない日付や時間の細かい表現方法をしっかり学ぼう。日付・時間は前置詞がカギ！

How soon can you put this announcement on your web page?
About 30 minutes.

100 200 300 400 500

I just sent you an e-mail.

Since when did we have a vending machine in the office?
Since yesterday.

時間に関する表現は、前置詞がとっても大切。このチャプターでは、最初に前置詞の正しい使い方についてトレーニング。例えば、「**5** 分後に」は **5 minutes later.** ではなく、**In 5 minutes.** が応用しやすい（→ ***p.*90**）、「3時から」を表すのは **from** ではなく **at** を使う（→ ***p.*94**）など。前置詞の後は、自分から期限や期間について質問したり、それに答える練習をして、最後は私との対話ノックでスケジュールの調整にもチャレンジするよ。頑張ってね。

過去を指すドレミ表現
a second ago (ド♪) から a long time ago (シ♪) まで

Coach's Advice どんな社会にも時間や期間をさすさまざまな表現があるはず。「さっき」「ちょっと前に」などは当然英語にもある。下のドレミスケールは、その日（当日）のことを指すことばと、別の日のことを指すことばにわけたので、参考にしてみて。

Repeating コーチの後に続いてテンポよくド～シのフレーズをリピート。

ノックの流れ　日 → (英) → 英 → (英) → 英3回 → (英3回)

※ ( ) はあなたが答えるところ。青字はコーチ。

〈433-439〉 Audio 100

ド	a second ago	ついさっき、今さっき
レ	a minute ago	さっき、ちょっと前
ミ	a little while ago	少し前、(その日の) しばらく前

↑その日

↓別の日

ファ	a few days ago	2、3日前
ソ	a little while ago	(話をしている当日ではなく別の日の) 何日か前、この間
ラ	a while ago	しばらく前
シ	a long time ago	かなり前

♪ [番外編]

the other day　　先日、先日のこと

● the other day の位置づけ

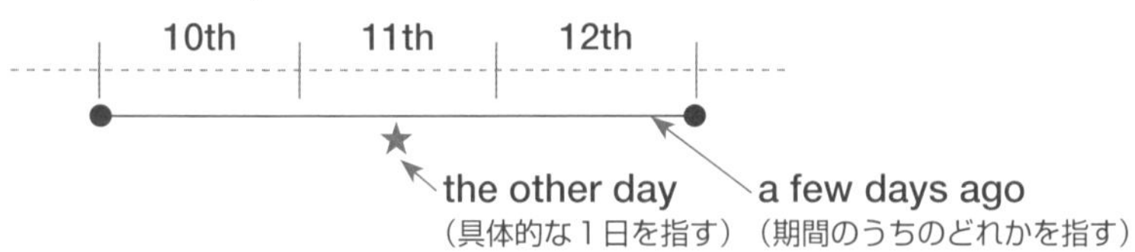

Knock Test Audio 101

最後にノックを聞いて答えよう。

ド	レ	ミ	ファ	ソ	ラ	シ

In Action Advice

The other day.「先日」というのもなかなか便利。これは「ド」～「シ」のようなだいたいの期間ではなく、ピンポイントの日付を指す（左ページ下図参照）。例えば、日付が明確な出来事に対してのお詫びは I'm sorry about the other day.「先日はどうもすみませんでした」。

Knock	Return (Audio 102)
440 ついさっきメールを送りました。	**I just sent you an e-mail a second ago.** ● have just sent とも言えるが、ほとんどの場合、普通の過去形がよく使われている。
441 さっきメールを送りました。	**I just sent you an e-mail a minute ago.**
442 少し前にメールを送りました。	**I sent you an e-mail a little while ago.** ● a little while ago は本当に便利。直訳は「少し前」「しばらく前」だけれども「さっき」や「少し前」にも使える。応用は in a little while「もう少ししてから」。in を使った「～から」は（→p94）。
443 請求書は、2、3日前にお送りしました。	**I sent that invoice a few days ago.**
444 請求書は、何日か前にお送りしました。	**I sent that invoice a little while ago.**
445 請求書は、しばらく前に送りましたよ。	**I sent that invoice a while ago.**
446 請求書は、かなり前に送りましたよ。	**I sent that invoice a long time ago.**

Knock Test Audio 103
最後にノックを聞いて答えよう。

440	441	442	443	444	445	446

1000 900 800 700 600 500 400 300 200 100

タイミングを伝える前置詞をマスター (1)
in / ago 「～前」「～後」

Coach's Advice 「～後」は after ではなく in が一般的。締め切りのような具体的な日時を示したい場合は until ではなく by+ 期間（→ p.92）。「～前」は before や later より ago が応用しやすい。3 日前は 3 days ago。

Knock	Return (Audio 104)
447 5 分後 / 5 時間後	**In 5 minutes. / In 5 hours.** ● 複数形で。そして時刻のみを言うときは at をつける。See you at 5:00.「では 5 時に」。
448 1 週間後 / およそ 3 週間後	**In 1 week. / In about 3 weeks.** ●「3、4 カ月後」は in about と or を使って、in about 3 or 4 months.
449 何カ月後？/ 1 カ月後	**In how many months? / In 1 month.** ● 具体的にではなく、大まかに表現したいときは in a little while「もう少ししたら」が自然。「いつ着くの？」と聞かれて「もう少しで」と答えるときは in a little while. で。
450 5 分前 / 5 時間前	**5 minutes ago. / 5 hours ago.** ● Knock No.449 と同じように、具体的ではなく「少し前」「この間まで」をカバーするのは a little while ago.。
451 1 週間前 / およそ 3 週間前	**1 week ago. / About 3 weeks ago.**
452 何カ月前？/ 1 カ月前	**How many months ago? / 1 month ago.**
453 あさって / おととい	**In 2 days. / 2 days ago.** ●「おととい」は直訳すると the day before yesterday だが、口からすらっと出てこない表現かもしれない。このように in 2 days / 2 days ago のほうが国際的にも通じるかも。

Knock Test Audio 105
最後にノックを聞いて答えよう。

447	448	449	450	451	452	453

I'm gonna be there in 5 minutes.

Knock	Return (Audio 106)
454 5 分で着きます。	I'm gonna be there in 5 minutes.
455 2 週間くらいでご連絡いたします。	I'll let you know in about 2 weeks.
456 15 分くらいで折り返します。	I'll call back in about 15 minutes. ●「連絡をする」は contact より、Let you know.「知らせる」と get in touch with...「連絡をとる」を使う。例えば I can't get in touch with Ben.「ベンさんに連絡がつかない」など。
457 彼女から 10 分くらい前に電話がありました。	She called about 10 minutes ago.
458 2 日前に彼女に会いました。	I saw her 2 days ago. ● meet は待ち合わせに使う。「会う」のメジャー動詞は see.。
459 2、3 年前はかなり違っていましたよ。	It was very different 2 or 3 years ago.
460 あさって、彼女に会います。	I'm gonna see her in 2 days. ●going to を自然に言うときは gonna[ゴナ]で。スラングなら I'm ga be...（発音は [アンガベー]）。gonna はスタンダードな発音省略なのでどんどん使おう。

Knock Test Audio 107
最後にノックを聞いて答えよう。

454	455	456	457	458	459	460

タイミングを伝える前置詞マスター (2) by / until / within 「～いつまで」

Coach's Advice ほとんどの場合「～までに」は until ではない。締め切りの「までに」は by+時間。By 5:00pm on Wednesday.「水曜日の午後5時まで」。日付の場合は by + the 1st のように冠詞 the を入れるか、あるいは月の名前を言う。

Knock	Return (Audio 108)
461 金曜までに	**By Friday.** ●「今週の金曜日までに」は by this Friday。「来週の金曜日までに」は by next Friday。しかし再来週は next next ではないので、by May 11th のように日付で言うといい。
462 5時までに	**By 5:00.** ●「午前／午後」をはっきりさせたい場合は、ここに pm を入れるといい。「17時」は必ずしも通じるわけではない。時間の数字の後に am / pm ね。
463 今日中に	**By the end of the day.** ●「今月中に」は by the end of the month。
464 3時30分まで	**By 3:30.** ●例えば I'm busy until 3:30.「3時30分まで忙しい」のように、「～まで～がある（～の状態である）」の場合は until. で。
465 金曜日の5時まで	**Until 5pm on Friday.** ● How long are you gonna be there?「いつまでいるの？」のような質問には、上記のように until を使う。締め切りの場合は、By 5pm「5時まで」で。
466 2日以内に	**Within 2 days.**
467 1週間以内に	**Within 1 week.** ●これも締め切りだが、「～以内」は「～までに」の応用で within が自然。

Knock Test Audio 109
最後にノックを聞いて答えよう。

461	462	463	464	465	466	467

In Action Advice

英語の前置詞を完璧にするのは、受験英語の課題かもしれない（なぜかそれを課題にする事って多くない？）。そんなの私が英米ネイティブからもらうメールにだって間違いはあります。それがビジネスメール（会話も）の許すところ。すべての細かい冠詞と前置詞にこだわらなくてもよいが、大事な前置詞（締め切りなどの場合）は毎回きちんとしておこう。このユニットはそれをマスターするところ。この例文の前置詞をパーフェクトに言ってみよう。

Knock	Return (Audio 110)
468 金曜までに欲しいのですが、できれば。	We'd like it by Friday, if possible. ● この主語 we は「弊社としては」のように、ビジネスではよく使うはず。
469 今日中にこれを終わらせないと。	We need to finish this by the end of the day.
470 4 時までに着かないと。	We need to arrive by 4:00.
471 25 日までにお返事いただけますか？	Would you let me know by the 25th?
472 今日は 6 時まで忙しいんです。	We're busy until 6:00 today.
473 2 日以内に全部やらないといけません。	We have to do everything within 2 days.
474 3 時間以内に全部片付けないといけません。	We need to clean up everything within 3 hours. ● 「片付ける」は clean up。clean は石けんなどを使って掃除をすること。

Knock Test Audio 111
最後にノックを聞いて答えよう。

468	469	470	471	472	473	474

タイミングを伝える前置詞マスター (3)
at / in / since / starting 「～から」

Coach's Advice 前置詞のこだわりフィルターを低くするのは OK だけど、締め切りや予定など大きなミスを招くような表現にはこだわろう。まず、「～から」はいつも from ではない。from でも通じるけれど「5 時から」は at 5 と言うのがほとんど。

Knock	Return (Audio 112)
475 今から出ます。	**I'm leaving now.** ●ここで from now は、通じるけれども自然ではないかも。
476 5 時からミーティングがあります。	**I have a meeting at 5:00.**
477 何時から?	**At what time?**
478 11 月はひまですが、12 月から忙しいです。	**I'm free in November, but I'm busy in December.** ●この文の場合 from でもつうじるが、in / during が一般的。
479 いつからそうなったんですか?	**Since when?** ●過去の曜日や日付を指す場合は since を使う。「昨日から」は Since yesterday. 未来を指す場合は on / in で。
480 明日からカラーコピーは禁止です。	**Starting tomorrow, we can't make copies in color.** ●from の「～から」について。from... to... のようにセットで時間を表すことはあるが、時間を表す時は単独では使わない。例えば From today on, we can't make... と on をセットで使う。

Knock Test Audio 113
最後にノックを聞いて答えよう。

475	476	477	478	479	480

Since when did we have a vending machine in the office?
Since yesterday.

Knock	Return (Audio 114)
481 When did you start work today? 今日はいつから働いていますか？	At around 9:00. 9時ごろです。
482 I need to wake up at 6:00 everyday. How about you? 毎日6時に起きなくてはならないのですが、あなたは？	I need to wake up at 5:00! 私は5時に起きなくてはなりません。
483 Since when did we have a vending machine in the office? いつから会社に自販機がありましたっけ？	Since yesterday. 昨日からです。
484 What are you gonna do now? 今から何するの？	Right now, I'm gonna study with the CD. 今からCDで勉強します。 ● nowだけでもつうじるが、right nowのほうがよく使う。
485 Starting next year, do you have any special goals? 来年からの、何か特別な目標はありますか？	Yeah. Starting next year, I wanna be on time everyday. はい。来年からは毎日遅刻しないようにしたいです。
486 Around what time, does the bank get busy? 何時頃から銀行は混みますか？	It gets busy in the afternoon. 午後から混んできます。

Knock Test Audio 115
最後にノックを聞いて答えよう。

481	482	483	484	485	486

期限とかかる時間を聞く
When & How soon... ? いつ～?　どれくらい(早く) ～?

Coach's Advice ビジネスの必須疑問詞 When「いつ」、そしてその応用 How soon「どれくらいで」。これは日本語の感覚のままで、意味がわかるよね。About when...?「だいたいいつぐらいから」も便利だが、When... ? と How soon... ? のほうがダイレクト。

Knock	Return (Audio 116)
487 今日はいつ家に帰りますか?	**When are you gonna go home today?** ●「家に帰る」は go home の代わりに leave も使える。
488 次のミーティングはいつですか?	**When is the next meeting?**
489 (税金の) 確定申告はいつまでですか?	**When is the tax filing due?** ● When is... due?「締め切りはいつまで?」はよく使う。返事は It's due on Tuesday at 5pm.「締め切りは火曜日の 5 時です」など。
490 どれくらいでこのアナウンスをウェブにアップできますか?	**How soon can you put this announcement on the web page?**
491 どれくらいで東京駅まで来られますか?	**How soon can you get to Tokyo Station?** ●「どれくらいで～は可能ですか」にも How soon can you... ? の応用が利く。
492 どれくらいで、コンビニに行ってここに戻って来られますか?	**How soon can you go to the convenience store and come back?**

Knock Test Audio 117
最後にノックを聞いて答えよう。

487	488	489	490	491	492

How soon can you put this announcement on our web page?

Knock	Return Audio 118
493 When are you gonna go home today? 今日はいつ家に帰りますか？	**Around 7:00.** 7時ごろです。 ●もちろん about 7:00 でも OK だが、around 7:00 は「7時前後」にぴったりのことば。
494 When is your next meeting? 次のミーティングはいつですか？	**On Monday, next week. Let me check.** 来週の月曜日です。確認します。 ●「確認します」は何とおりもの表現がある。I'll check. / I'm gonna make sure. など。
495 When is your tax filing due? （税金の）確定申告はいつまでですか？	**On March 20th.** 3月20日です。 ●By March 20th. でもOK。
496 How soon can you put an announcement on your web page? どれくらいでアナウンスをウェブにアップできますか？	**About 30 minutes.** 30分くらいです。 ●Test Knock で自分の会社や Website に状況を置き換えて答えてみよう。About a week.「1週間くらいで」も正解。
497 How soon can you get to Tokyo Station? どれくらいで東京駅まで来られますか？	**About 1 hour.** 1時間くらいです。 ●東京以外にお住まいのかたは、自分の町や都市のケースで答えてみてね。
498 How soon can you go to the convenience store and come back? どれくらいで、コンビニに行ってここに戻って来られますか？	**About 10 minutes.** 10分くらいです。

Knock Test Audio 119
最後にノックを聞いて答えよう。

493	494	495	496	497	498

「たった今」「ちょうど今」をサッと言うための便利表現
I just... / I just about to...

Coach's Advice justを使って、「ちょうど今～したところ」と「ちょうどこれから～しようとしてた」の文で英作文してみよう。似ているけれども微妙に異なるこの表現をふたつずつセットで練習しよう。

Knock	Return　Audio 120
499 ちょうど今マンションを出たところです。	I just left my apartment.
500 ちょうどマンションを出ようとしていたところでした。	I was just about to leave my apartment.
501 ちょうど今出たところです。	I just left.
502 ちょうど出ようと思っていたところでした。	I was just about to leave.
503 ちょうど今メールを送ったところです。	I just sent you an e-mail.
504 ちょうどメールを送ろうと思っていたところでした。	I was just about to send you an e-mail.

Knock Test Audio 121
最後にノックを聞いて答えよう。

499	500	501	502	503	504

Knock	Return
505 ちょうど今あなたの携帯に電話したところです。	I just called your cell.
506 ちょうどあなたの携帯に電話しようとしていたところでした。	I was just about to call your cell.
507 ちょうど今メールをチェックしたところです。	I just checked my e-mail.
508 ちょうどメールチェックしようとしていたところでした。	I was just about to check my e-mail.
509 ちょうど今閉めたところです。	We just closed.
510 ちょうど閉めようとしていたところでした。	We were just about to close.

Knock Test Audio 121
最後にノックを聞いて答えよう。

505	506	507	508	509	510

瞬発力 UP! Speed Quiz
When に答える

Coach's Advice 私とクイズラリー！　本を見ないでいきなりチャレンジしても OK。質問に答えた後に必ず How about you? をつけて返してね。私はあなたの How about you? に答えてから次のノックを投げるよ。No.512 からの（　）の中が私の答え。

Knock	Return (Audio 122)
511 **When did you buy this book?** この本（1000 本ノック）を買ったのはいつですか？	**※ A few days ago. How about you?** 2、3 日前。あなたは？ ※は回答例。ノックには自分なりの答えで答えてみよう。
512 (Actually, I get a free copy... No I get 10 free copies.) **When did you start studying today?** （僕はタダで 1 冊もらるはず…いや、10 冊でした）いつから勉強し始めましたか？ （　）カッコは CD に収録されているコーチの解答。	**※ At about 9:00 o'clock. How about you?** 9 時ごろから。あなたは？
513 (We started recording this about 4 hours ago.) **When did you finish the first 100 knocks in this book?** （収録は 4 時間前にスタートしました）最初の 100 本を達成したのはいつですか？	**※ A little while ago. How about you?** ちょっと前です。あなたは？
514 (We finished recording them a little while ago.) **And when are you gonna finish all 1000 knocks?** （収録は少し前に終えました）いつ 1000 本達成しますか？	**※ Maybe in about a week. How about you?** 1 週間くらいで。あなたは？
515 (This week... If I don't my publisher will have a cow!) **And when are you gonna finish studying today?** （今週…、終わらせないと出版社が大パニックしてしまいます）あとどれくらいで今日の勉強を終えますか？	**※ In a little while. How about you?** もう少ししたら。あなたは？
516 (We're gonna finish recording in about 2 hours.) **When was your most recent English lesson?** （後 2 時間で収録を終えます）最近、英語のレッスンを受けたのはいつですか？	**※ About a month ago. How about you?** 1 カ月前くらいです。あなたは？

Knock Test Audio 123
最後にノックを聞いて答えよう。

511	512	513	514	515	516

Knock	Return
517 (I gave an English seminar about 1 week ago.) **When was your most recent business trip?** （1週間前に英語のセミナーをやりました）最近、出張に行ったのはいつですか？	※ **A while ago. In February. How about you?** しばらく前で、2月ですね。あなたは？
518 (A little while ago. In August) **When was the last time you used English?** （少し前で、8月です）最後に英語を使ったのはいつですか？	※ **A second ago. How about you?** ついさっきです。あなたは？
519 (Me too. A second ago.) **When was the last time you gave a presentation in Japanese?** （私もです。ついさっき）最後に日本語でプレゼンをしたのはいつですか？	※ **A few days ago. How about you?** 2、3日前です。あなたは？
520 (A while ago.) **When was the last time you used English in a meeting?** （少し前です）最後に英語でミーティングしたのはいつですか？	※ **A while ago. How about you?** しばらく前です。あなたは？
521 (About 2 hours ago.) **When was the last time you checked your e-mail?** （だいたい2時間前です）最後にメールチェックをしたのはいつですか？	※ **About 20 minutes ago. How about you?** 20分くらい前です。あなたは？
522 (A minute ago.) **When was the last time you got a new cell phone?** （ちょっと前です）最後に携帯の機種変更をしたのはいつですか？	※ **A long time ago. How about you?** かなり前です。あなたは？
523 (About 2 years ago.) **When was the last time you had a day off?** （2年くらい前です）最後に休暇をとったのはいつですか？	※ **A week ago. How about you?** 1週間前です。あなたは？
524 (About 4 months ago. In July.) **When was the last time you checked your bank account?** （4カ月ほど前で、7月です。）最後に銀行口座の残高を確認したのはいつですか？	※ **A few days ago. How about you?** 2、3日前です。あなたは？ (Me too. A few days ago.)(私も2、3日前です)

Knock Test Audio 123
最後にノックを聞いて答えよう。

517	518	519	520	521	522	523	524

スケジュール確認の必須フレーズ
Most Essential Schedule Phrases

Coach's Advice 世界のビジネス舞台では、シンプルな英語を駆使できる人が多い。中でもよく使われるシンプルなことばのひとつが best。例えば「いつがいちばんいい？」は When's best? や What day is best? のように表すことができる。

Knock	Return (Audio 124)
525 ご都合のよい日はいつですか？	**What day is best for you?**
526 14日の週はいかがですか？	**How's the week of the 14th?** ● the の代わりに具体的な月の名前を入れることができる。
527 ご連絡いたします。	**I'll let you know.**
528 わかったら教えてください。	**Just let me know.**
529 頑張ります。	**I'll do my best.** ● 直訳は「ベストを尽くします」。つまり、「約束はできないが努力します」という便利な表現。
530 それでお願いします。	**That sounds good.**

Knock Test Audio 125
最後にノックを聞いて答えよう。

525	526	527	528	529	530

What day is best for you this week?

Knock	Return (Audio 126)
531 What day is best for you this week? 今週のいつが都合よろしいですか？	How's Wednesday. 水曜日はどうでしょうか？
532 How's your schedule in the afternoon? 午後のスケジュールはどうなってますか？	How's 3pm? 3 時はいかがでしょうか？ ●「15 時」では通じない。3 か 3pm にしましょう。
533 Well... how's 4pm? そうですね……、4 時はどうでしょうか？	That sounds good. それでお願いします。
534 I'll let you know by the end of the month. 今月中にお知らせします。	That sounds good. そうしてください。
535 I'm not 100% sure yet. Sorry about that. まだはっきりとわかりません。申し訳ありません。	No problem. Just let me know. 大丈夫です。わかったら教えてください。
536 We need it by the end of the day today. 今日中に必要なのですが。	I'll do my best. 頑張ります。

Knock Test Audio 127
最後にノックを聞いて答えよう。

531	532	533	534	535	536

スケジュールマスター　日付の調整
Scheduling Days

Coach's Advice このユニットでは、下のカレンダーを見ながらノックに答えよう。僕があなたの予定について聞くから **On（日付）at（時間）I have a（予定）.** でその日のスケジュールを教えて。予定を聞いた後、これからの予定について確認するので都合にあわせて答えてみよう。ここでは都合がよいときの返事、That souds good. をマスター。

Audio 128

Calendar　April

	SUN	MON	TUE	WED	THU	FRI	SAT
1st Week	1	2 3:00 プロジェクトミーティング	3	4	5 レポート締め切り	6	7
2nd Week	8	9	10 7:00 トム送別会	11	12	13 3:00 プロジェクトミーティング	14
3rd Week	15	16 大阪出張 (16–19)	17	18	19	20 3:00 プロジェクトミーティング	21
4th Week	22	23 3:00 ミーティング@横浜	24	25 休み (25–27)	26	27	28
	29	30	31				

1st Week

Return

537 What are your plans for the 1st week of April? …… On April 2nd at 3pm I have a project meeting, and on April 5th I have a report due.●

538 OK. Can we schedule a meeting on Thursday afternoon? …… OK. That sounds good.

4月の1週目の予定は？ …… 2日の午後3時にプロジェクトミーティングと5日にレポートの締め切りがあります。

わかりました。では木曜日の午後にミーティングを入れてもいいですか？ …… わかりました。大丈夫です。

● April の代わりに the を使ってもOK。例えば on the 2nd.

Knock Test

Audio 129

最後にノックを聞いて答えよう。

537	538

2nd Week

Return

539 What are your plans for the 2nd week of April? ········ On April 10th I have a farewell party, and on April 13th at 3pm I have a project meeting.

540 Can you make a 1st draft by Wednesday the 11th? ········ OK. That sounds good.

4月の2週目の予定は？ ········ 10日に（トムの）送別会と、13日の午後3時にプロジェクトミーティングがあります。

では、11日の水曜日までに最初のドラフトを作ってもらえますか？ ········ わかりました。大丈夫です。

3rd Week

Return

541 What are your plans for the 3rd week of April? ········ From April 16th to the 19th I have a business trip to Osaka, and on April 20th at 3pm I have a project meeting.

542 Oh! Really? Can we change the 1st draft's deadline to Tuesday April 10th? ········ OK. That sounds good.

4月の3週目の予定は？ ········ 16～19日まで大阪出張と、それから20日の午後3時にプロジェクトミーティングがあります。

そうですか。では、ドラフトの締め切りを10日の火曜日に変更してもいいですか？ ········ わかりました。大丈夫です。

4th Week

Return

543 What are your plans for the 4th week of April? ········ On Apirl 23rd at 3pm I have a meeting in Yokohama, and from April 25th to the 27th I am taking a few days off.

544 OK. So I'll finish the design by the 19th and send you the 2nd draft, OK? ········ OK. That sounds good.

4月の4週目の予定は？ ········ 23日午後3時から横浜で打ち合わせがあり、25～27日まではお休みです。

では、私は19日までにデザインを終えて、ドラフト第2弾を送りますね。 ········ わかりました。大丈夫です。

Knock Test

Audio 129

最後にノックを聞いて答えよう。

539	540	541	542	543	544

スケジュールマスター　時間の調整
Scheduling Times

Coach's Advice

Audio 130

ここでは自分と相手の予定を調整しながらスケジューリングするノックの２往復セット。まず I'm free most of the day.「その日はほぼ１日空いています」と返事をしてから、具体的なミーティングの時間を提案してみて。例えば「申し訳ありませんがその日は～」「その時間は～」は Actually + 1 文で。Actually の直訳は「実は」だが、本当は「申し訳ありませんが」の意味合いが強い。代替日を提案するときは How's...？「～はどうですか？」で聞き返そう。

Calendar　April

	SUN	MON	TUE	WED	THU	FRI	SAT
1st Week	1	2 3:00 プロジェクトミーティング	3	4	5 レポート締め切り	6	7
2nd Week	8	9	10 7:00 トム送別会	11	12	13 3:00 プロジェクトミーティング	14
3rd Week	15	16 大阪出張	17 大阪出張	18 大阪出張	19 大阪出張	20 3:00 プロジェクトミーティング	21
4th Week	22	23 3:00 ミーティング @横浜	24	25 休み	26 休み	27 休み	28
	29	30	31				

9日
6pm　病院

6日
8pm　ジム

30日
（予定なし）

24日
※明日から
３連休☆

1st Week

Return

545 What are your plans on the 6th? …… I'm free most of the day.

546 Can we schedule a meeting at 4pm? …… Well... actually, I need to leave at 5pm. How's 3pm?

６日の予定は？ …… ほぼ１日空いてますよ。
午後４時からミーティングは可能ですか？ …… えーと、午後５時に会社を出なくてはなりません。午後３時からでもいいですか？

Knock Test

Audio 131

最後にノックを聞いて答えよう。

545　546

2nd Week

Return

547 What are your plans on the 9th? ······ I'm free most of the day.

548 OK. Can we schedule a meeting at 3pm? ······ Actually, I need to leave at 5:30. How's 2pm?

9日の予定は？ ······ ほぼ1日空いてますよ。

わかりました。では午後3時からミーティングできますか？ ······ 申し訳ないのですが5時30分に出なくてはなりません。午後2時はどうですか。

4th Week

Return

549 What are your plans on April 24th? ······ I'm free most of the day.

550 Can we schedule a meeting at 11am? ······ Actually, a little earlier might be better. So how's 10am?

24日の予定は？ ······ ほぼ1日空いてますよ。

午前11時からミーティングできますか？ ······ 申し訳ないのですが、もう少し早いほうがいいです。午前10時はどうですか。

5th Week

Return

551 How's your schedule on April 30th? ······ I'm free most of the day.

552 Let's schedule a meeting with the President at 9am. ······ Actually, a little later might be better. So, how's 10am?

いいですよ。では30日の予定はどうなってます？ ······ ほぼ1日空いてますよ。

では、社長ミーティングを午前9時から行いましょう。 ······ 申し訳ないのですが、もう少し遅いほうがいいです。午前10時はどうですか。

Knock Test

Audio 131

最後にノックを聞いて答えよう。

547	548	549	550	551	552

Chapter 5

ESSENTIAL BUISINESS EXPRESSIONS

基本的な文法とビジネス表現をマスター

日本語を聞いて、すぐに英語に変換できますか？　文法レベルからトレーニングしましょう。

I look forward to hearing from you.

100 200 300 400 500

Let’s begin.

May I throw away these copies?

簡単な日本語を聞いて、瞬時に英作文ができますか？　例えば「決めた、決めなかった、決めましたか」の3つ。このChapterでは、こういった瞬時に簡単な英作文をする訓練を最初にやります。その後は、ビジネスでよく使う表現を日本語から英語に置き換える訓練です。例えば、「よろしくお願いします」を英語でどうやって言うのか？　実はとっても便利な表現**I look forward...**（→ *p*.124）があります。また、相手に失礼にならないように忠告してあげる**You might wanna...**（→ *p*.133）など。ビジネス会話のマナーも一緒に学びましょう。

600 700 800 900 1000

必須文法マスター　疑問詞 5W1H
Double Grammar Knock

Coach's Advice ことばは省略されたり、音がくっついて発音されることは自然なこと。例えば Good morning は、G'morning と省略するのが自然。同じように、be going to にも省略系とその発音がある。それが gonna.[ガナ]。実際の会話では be going to よりも、gonna のほうがスタンダードで使われている。ちなみに助動詞 will はどちらかというと be going to より堅いニュアンスを含むことが多い。このユニットでは実際の会話でよく使う gonna の未来の文と過去の文を 2 セットで、英作文を頑張ろう。瞬時に返せるように。

Knock	Return (Audio 132)
553 いつ決めましたか?	When did you decide?
554 いつ決めます?	When are you gonna decide?
555 何を決めたのですか?	What did you decide?
556 何を決めますか?	What are you gonna decide?
557 どうやって決めましたか?	How did you decide?
558 どうやって決めます?	How are you gonna decide?

Knock Test Audio 133
最後にノックを聞いて答えよう。

553	554	555	556	557	558

Coach's Advice この『1000本ノックビジネス編』では、be going to はすべて gonna で統一しているが、助動詞 will で答えても間違いではない。ただし I will... ではなく I'll... のほうが一般的。Will you... ? は依頼になるので未来のことは Are you gonna... で。

Knock	Return
559 いつ彼にメールを送りましたか？	When did you send him an e-mail?
560 いつ彼にメールを送りますか？	When are you gonna send him an e-mail?
561 何で彼にメールを送ったのですか？	Why did you send him an e-mail?
562 何で彼にメールを送るのですか？	Why are you gonna send him an e-mail?
563 いつ終わりましたか？	When did you finish?
564 いつ終わりますかか？	When are you gonna finish?
565 どれくらい終わりました？	How much did you finish?
566 どれくらい終わりますか？	How much are you gonna finish?

Knock Test Audio 133
最後にノックを聞いて答えよう。

559	560	561	562	563	564	565	566

必須文法マスター　過去表現
Triple Grammar Knock - did

Knock	Return
567 昨日決めました。	I decided yesterday.
568 昨日は決めませんでした。	I didn't decide yesterday.
569 昨日決めました？	Did you decide yesterday?
570 昨日終わりました。	I finished yesterday.
571 昨日終わりませんでした。	I didn't finish yesterday.
572 昨日終わりました？	Did you finish yesterday?
573 彼にメールを送りました。	I sent him an e-mail.
574 彼にメールを送りませんでした。	I didn't send him an e-mail.
575 彼にメールを送りました？	Did you send him an e-mail?

Audio 134

Knock Test Audio 135
最後にノックを聞いて答えよう。

567	568	569	570	571	572	573	574	575

必須文法マスター　未来表現
Triple Grammar Knock - I'm gonna...

Knock	Return (Audio 136)
576 明日決めます。	I'm gonna decide tomorrow.
577 明日は決めません。	I'm not gonna decide tomorrow. ●発音ヒントは [アィナガナ ...]。
578 明日決めますか？	Are you gonna decide tomorrow? ●発音ヒントは [アユガナ ...]。
579 明日終わります。	I'm gonna finish tomorrow.
580 明日終わりません。	I'm not gonna finish tomorrow.
581 明日終わりますか？	Are you gonna finish tomorrow?
582 彼にメール送ります。	I'm gonna send him an e-mail.
583 彼にメールは送りません。	I'm not gonna send him an e-mail.
584 彼にメールを送りますか？	Are you gonna send him an e-mail?

Knock Test Audio 137
最後にノックを聞いて答えよう。

576	577	578	579	580	581	582	583	584

必須文法マスター　現在完了形
Triple Grammar Knock - have been...

Knock	Return Audio 138
585 北京に行ったことがありますか？	Have you ever been to Beijing?
586 TED のプレゼンを見たことはありますか？	Have you ever seen a TED presentation? ● TED とは著名人の英語のプレゼンテーションが見られるサイト。私も大推薦します。
587 日本料理を食べたことがありますか？	Have you ever had Japanese food?
588 シリコンバレーに 4 回行ったことがあります。	I've been to Silicon Valley 4 times.
589 私はこの会社で 5 年間働いています。	I've been working here for 5 years.
590 私の上司は英語を 10 年くらい勉強しています。	My boss has been studying English for about 10 years.
591 私はシンガポールに行ったことがありません。	I've never been to Singapore. ●「～したことのない」の文末に before をつけることも多い。
592 私はパワーポイントを使ったことがありません。	I've never used Power Point.
593 私は英語でプレゼンをしたことがありません。	I've never made a presentation in English.

Knock Test Audio 139
最後にノックを聞いて答えよう。

585	586	587	588	589	590	591	592	593

必須文法マスター　仮定法
wish / hope

Knock	Return　Audio 140
594 行けるといいなぁ。	I hope I can go. ●未来の希望は hope。「行けばよかった」は過去の wish。
595 終わるといいなぁ。	I hope I can finish.
596 契約が決まるといいなぁ。	I hope we get the contract.
597 よく売れるといいなぁ。	I hope it sells well.
598 お口に合うといいのですが。	I hope you like it.
599 iPad があったらいいのに。	I wish I had an iPad.
600 もっと大きな机があったらいいのに。	I wish I had a bigger desk.
601 部下たちがもうちょっと信頼できたらいいのに。	I wish my staff were a little more reliable.
602 上司がもうちょっと決断力があったらいいのに。	I wish my boss were a little more decisive. ●未来についての願いは I hope を使って I hope my new boss is... のようになる。

Knock Test　Audio 141
最後にノックを聞いて答えよう。

594	595	596	597	598	599	600	601	602

I か You を見極める依頼フレーズマスター
Grammar Knock May I & Would you like... ?

Coach's Advice ここは、「～してもいいですか」と「～してくれますか」の表現で、主語の感覚を身につけるノック。前者は May I... ?（Can I... ? でも OK だがていねいなのは May I... ?）。後者は Would you... ?（Could you... ? や Can you... ? も OK）。

Knock	Return (Audio 142)
603 お茶はいかがですか？	Would you like some tea?
604 クリップはいりますか？	Would you like a paper clip? ● Would you like a の発音ヒントは［ウジュライカ］。「クリップ」は、clip だけではなく paperclip が一般的。
605 辞書はいりますか？	Would you like a dictionary?
606 お座りになりますか？	Would you like to sit down? ● No.605 のような Would you like + モノ？「～はいりますか？」と、No.606 のような Would you like to + 動作？「～をしますか」の違いに注意。
607 先にお手洗いに行かれますか？	Woud you like to go to the bathroom first?
608 お待ちの間、インターネットを使われますか？	While you wait, would you like to use the internet? ● 最高のもてなしかも。

Knock Test Audio 143
最後にノックを聞いて答えよう。

603	604	605	606	607	608

May I throw away
these copies?

Knock	Return
609 これ、使ってもよろしいですか?	**May I use this?** ●自分の動作について尋ねるときは、主語が I になる。
610 これ、開けてもよろしいですか?	**May I open this?**
611 このコピーを捨ててもよろしいですか?	**May I throw away these copies?**
612 こちらを使っていただけますか?	**Woud you use this one?** ●相手に対しての依頼は、主語が You になる。No.609 の主語が I になる May I... ? との区別が大事。
613 ここにサインしていただけますか?	**Would you sign here?** ●May I have your signature? と言ってもよい。名詞として使う場合は signature で。sign はダメ。
614 もう少しゆっくり言っていただけますか?	**Would you say that a little more slowly?**

Knock Test Audio 143
最後にノックを聞いて答えよう。

609	610	611	612	613	614

接待で使える表現集
What would you like...? 何がよろしいですか？

Coach's Advice ビジネス上でのよいお付き合いを築くためにも、3～6往復くらいのあいさつができるようになろう（→*p.*36など）。その大きな一歩は一緒に食事をとること。ここはランチのお誘いなどに使える12のていねい表現。

Knock	Return (Audio 144)
615 どちらへ行きたいですか？	Where would you like to go? ●ビジネスコラボレーションの法則：メールより電話、電話より直接会う、会うより食事。
616 何が食べたいですか？	What would you like to eat? ●本当に予算を聞いている場合もあるが、「高級店に行ってみます？」のようにジョークで使われることもある。
617 何時に出られますか？	What time would you like to leave?
618 （食事中・食後に）ビールかワインはいかがですか？	Would you like beer or wine?
619 お代りはいかがですか？	Would you like a refill? ●主に飲み物のお代わりだが、ご飯のお代りにも a refill でOK。
620 お任せします。	It's up to you. ●直訳は「あなたの好きなように」。It depends. はこのように使わない。

Knock Test Audio 145
最後にノックを聞いて答えよう。

615	616	617	618	619	620

Knock	Return
621 私のを少し味見してみませんか？	**Would you like to try some of mine?**
622 デザートを半分ずつにしませんか？	**Would you like to split a dessert?** ●an appetizer「前菜」などでも使える。
623 戻る前にお手洗いに行かれますか？	**Before we go back, would you like to go to the bathroom?**
624 いただきましょう。	**Let's begin.** ●「いただきます」に最も近い表現。Let's eat. としないこと。みんなのご飯が揃うまで待つというマナーは是非、英会話の世界でも生かしてみてとてもいいと思う。
625 ごちそうさま、ですかね。（直）（そろそろ）行きましょうか？	**Shall we go?** ●「ごちそうさま」の帰りの際のタイミングで。
626 ここは私が（払います）。	**I'll get this.**

Knock Test Audio 145
最後にノックを聞いて答えよう。

621	622	623	624	625	626

希望を聞かれたときの便利フレーズ
It's up to you. Maybe we could... お任せします。または～はいかがでしょう。

Coach's Advice 私がお誘いをかけるからふたとおりの答えを練習しよう。まず、It's up to you.「お任せします」に1文プラスしてみて。It depends on you. は NG。depend on の後には人ではなく the weather / traffic などが入る。As you like... も同じ意味だが、やや堅い文学的な響きがある。定番として It's up to you. がおすすめ。

お任せ It's up to you.+ 1文でリターンしよう。

Knock	Return (Audio 146)
What would you like to do for lunch? お昼は何がよろしいですか？	627 **It's up to you. We can eat out or order in.** お任せしますよ。外に行ってもいいし、出前をとってもいいし。
What would you like to have? 何が食べたいですか？	628 **It's up to you. Anything is fine with me.** お任せしますよ。なんでも食べられます。
Where would you like to go? どちらへ行きたいですか？	629 **It's up to you. Anywhere is fine with me.** お任せします。 どこでもいいですよ。
Where would you like to sit? どちらにお座りになりますか？	630 **It's up to you. I don't mind.** お任せします。私はどこでも大丈夫ですよ。
Would you like dessert? デザートはいかがですか？	631 **It's up to you. If you have one, I'll have one too.** お任せします。もし召し上がりになるのであれば、私もいただきます。
Would you like to have beer or wine? ビールかワインはいかがですか？	632 **It's up to you. If you have one, I'll have one too.** 合わせますよ。もしお飲みになるなら、私も飲みます。

Knock Test Audio 147
最後にノックを聞いて答えよう。

627	628	629	630	631	632

In Action Advice

maybe は「たぶん」と思ってしまいがちだが、日本語の「たぶん」は確信度がやや高いのに対して英語の maybe はかなり低い。もっと適切に訳すと「たぶん」= probably。一方、maybe は「もしかして」や「ひょうとしたら」。mabye と相性がいいのは、ソフトに提案する文。以下のように Maybe we could... が便利でソフトな提案になる。

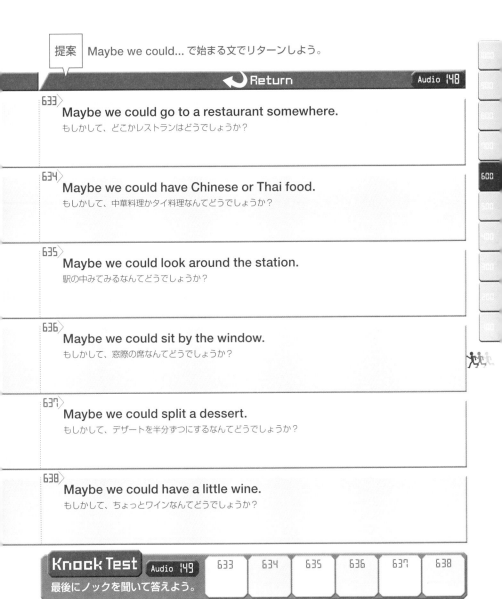

提案 Maybe we could... で始まる文でリターンしよう。

Return Audio 148

633 **Maybe we could go to a restaurant somewhere.**
もしかして、どこかレストランはどうでしょうか？

634 **Maybe we could have Chinese or Thai food.**
もしかして、中華料理かタイ料理なんてどうでしょうか？

635 **Maybe we could look around the station.**
駅の中みてみるなんてどうでしょうか？

636 **Maybe we could sit by the window.**
もしかして、窓際の席なんてどうでしょうか？

637 **Maybe we could split a dessert.**
もしかして、デザートを半分ずつにするなんてどうでしょうか？

638 **Maybe we could have a little wine.**
もしかして、ちょっとワインなんてどうでしょうか？

Knock Test Audio 149
最後にノックを聞いて答えよう。

633	634	635	636	637	638

1000 900 800 700 600 500 400 300 200 100

Short Rally
いただきます。ごちそうさま。

Coach's Advice 会話ラリー形式の練習は、ここにある回答例を暗記してロールプレーすることが大切なのではない。状況をつかんで、私と何往復できるかがポイント。例えば、3行目にあるMaybe we could... と言われて、その返事にはThat sounds good.「それでお願いします／そうしましょう」のほかに、Yeah. Let's do that. やGood idea. なども使える。回答例の暗記を頑張るのではなく、できるだけ私との会話が続けられることを目標にして頑張って。

Audio 150

What would you like to do for lunch?
It's up to you.

Rally 1 ランチの前に……

〈639-642〉

	Return
What would you like to do for lunch?	It's up to you. We can eat out or order in.
Maybe we could look around the station.	That sounds good.
OK. I need to check my e-mail. Is that OK?	Sure. Take your time.
Thanks. I'll let you know when I'm ready.	OK, just let me know.

お昼はどうされますか？ ……… お任せしますよ。外に行ってもいいし、注文してもいいし。
駅の中ちょっとみてみましょうか？ ……… そうしましょう。
了解。メールのチェックしないといけないので。ちょっといいですか？ ……… ええ、ごゆっくり。
準備ができたら知らせますね。 ……… はい。終わったら教えてください。

Rally 2 いただきます

〈643-647〉

	Return
Oh! Here's yours.	Wow!
That looks good. Please go ahead.	No. I'll wait for yours.
That's OK. Go ahead.	All right. Thanks.
Oh! Here's mine. Perfect timing!	Um...That looks good too.
So let's begin.	Yes. Let's begin.⬢

お食事がきましたよ。 ……… わぁ。
おいしそうですね。どうぞお先に。 ……… いえいえ、待ってますよ。
お気になさらずに。どうぞお先に。 ……… わかりました。ありがとうございます。
あ、私のも来ました。ナイスタイミング！ ……… それもおいしそうですね。
では、いただきましょう。 ……… はい、いただきます。

⬢「いただきます」にいちばん近い英語はこれでしょう。

Rally 3 ごちそうさま

〈648-652〉

	Return
That was good.	Yeah. That was good.
Would you like dessert?	It's up to you. If you have one, I'll have one.
Maybe we could split the Tiramisu.	That sounds good.
OK. Would you ask the waiter?	Sure. Just a moment.
Thanks.	Sure. No problem.

ごちそうさま。 ……… ええ、おいしかったです。
デザートはいかがですか？ ……… お任せします。召し上がるのであれば、私もいただきます。
ティラミスを半分ずつになんてどうでしょう？ ……… そうしましょう。
ウェイターに声をかけていただけますか？ ……… はい。ちょっと待ってくださいね。
ありがとう。 ……… いえいえ、大丈夫です。

Knock Test Audio 151
最後にノックを聞いて答えよう。

Rally 1 639-642	Rally 2 643-647	Rally 3 648-652

「よろしくお願いします」にもなる「お待ちしています」
Look forward to...

Coach's Advice Looking forward to... は「楽しみにしております」のマイナー表現ではなく、特に便利な「お待ちしています」。Nice to meet you... は初回だけの「よろしくお願いします」だが、英語でも「よろしく」はいろいろな場で使うので特に欠かせない。

Knock	Return (Audio 152)
653 フィードバックをお待ちしております。	**I look forward to your feedback.**
654 (はじめて会うことについて) お待ちしております。(楽しみにしております)	**I look forward to meeting you.** ●これから一緒にお仕事をする人だったら、I look forward to working together.「よろしくお願いします」
655 (会うことについて) お待ちしております。(楽しみにしております)	**I look forward to seeing you.** ●初めてだったら meeting you。I'll come by your office tomorrow morning. などに答えるときも使える。
656 11月の売上報告をお待ちしております。	**I look forward to hearing about the November sales.** ●look forward to your advice「アドバイスをお願いします」、look forward to your opinions「ご意見をお願いします」。
657 ご連絡をお待ちしております。	**I look forward to hearing from you.**
658 (話の流れで) では、よろしくお願いいたします。	**I look forward to that.** ●「お待ちしております」の意味でも使える。右ページ参照。

Knock Test Audio 153
最後にノックを聞いて答えよう。

653	654	655	656	657	658

In Action Advice

微妙なニュアンスだがフォーマルからカジュアルの順に並べると、I look forward...、I'm looking forward...、Look forward...、になる。でも大事なのは「お待ちしております」= wait ではなく look forward to... ということ。

Knock	Return (Audio 154)
659 **I got your report.** レポート受け取りました。	**I look forward to your feedback.** フィードバックお待ちしています。
660 **I'll come by your office tomorrow morning.** 明日の朝、君のオフィスに行きますね。	**I look forward to seeing you.** お待ちしています。
661 **So I'll see you for the first time at the conference tomorrow.** では、明日会議で初めてお目にかかれますね。	**I look forward to meeting you.** （初めて会うことについて）お待ちしております。
662 **I have an idea for the advertising campaign.** 広告キャンペーンについてアイデアがあります。	**I look forward to hearing about it.** お待ちしています。（聞かせてもらうのを楽しみにしています）
663 **Let's discuss your proposal during lunch tomorrow.** 明日のランチであなたの提案について話し合いましょう。	**I look forward to that.** よろしくお願いします。
664 **I'll let you know.** ご連絡いたします。	**I look forward to hearing from you.** ご連絡をお待ちしております。 ● この返答はメールでも会話でもスタンダードでよく使う。丸ごと覚えておくといい。

Knock Test Audio 155
最後にノックを聞いて答えよう。

659	660	661	662	663	664

Short Rally
I look forward to it. お待ちしています。

Coach's Advice

Audio 156

ここで Look forward to のふたつ：「お待ちしております」、「今後もよろしくお願いします」の応用パターン。上手く応用できると Looking forward to... はビジネスでよく使う総合的な「よろしくお願いいたします」として使えるようになるはず。では、ここでよろしくのニュアンスを含めた初対面の自己紹介ラリーをやってみよう。

I look forward to
hearing from you.

Rally 1 別れ際のやりとり

〈665-667〉

	Return
So I'll talk to my boss and let you know.	OK. I look forward to hearing from you.
Maybe we can have a meeting over lunch sometime.	That sounds good. Just let me know.
OK. Talk to you later.	Talk to you later.

では、上司に話してからお伝えします。	わかりました。ご連絡をお待ちしております
いつか一緒にランチミーティングでもしましょうか？	そうしましょう。（都合のいいときが）わかったら教えてください。
はい。では後ほど。	それでは。

Rally 2 職場のメンバーに自己紹介をする 〈668-670〉

Return

So everyone, this is our new team member, Kei. …… Hi, everyone. I'm Kei Saito. And I look forward to working together with everyone.

Hi. I'm Tom and this is Florence. …… I'm Kei.

It's nice to meet you. …… It's nice to meet you too.

みなさん、新メンバーを紹介します。ケイです。……… みなさん、こんにちは。斉藤ケイです。　どうぞよろしくお願いいたします。

はじめまして。トムです。こちらがフローレンス。…… はじめまして。ケイです。

どうぞ、よろしくお願いします。……… こちらこそ、よろしくお願いいたします。

Rally 3 顔合わせの約束をする 〈671-674〉

Return

So you're finally meeting my manager tomorrow. …… Yeah, I look forward to meeting her.

And we'll have lunch with her after our meeting. …… Yeah, I look forward to that.

So see you at the ticket gate at Cosmo Station at 10:00. …… OK. See you there.

G'bye. …… G'bye.

明日はいよいよ私のマネージャーに会う日ですね。…… ええ、彼女にお目にかかるのは楽しみです。

ミーティングの後、マネージャーと一緒に食事をすることになっています。……… ええ、よろしくお願いします（楽しみにしています）。

10時にコスモ駅の改札で会いましょう。……… はい。ではそちらで。

では、失礼します。……… 失礼します。

Knock Test Audio 157

最後にノックを聞いて答えよう。

Rally 1 665-667	Rally 2 668-670	Rally 3 671-674

お客さまへの対応
Ma'am / Sir

Coach's Advice 大切なお客さまとのやりとりにはなるべく Ma'am と Sir をつけよう。英語には日本語ように敬語表現が多くないが、Sir / Ma'am が敬語表現のひとつかも。これだけで相手に対する謙遜の気持ちを込めることができる。

Knock	Return
675 そうでございます。／そうではございません。	（男性に）Yes, Sir. / No, Sir. （女性に）Yes, Ma'am. / No, Ma'am.
676 かしこまりました。	（男性に）All right, Sir. （女性に）All right, Ma'am.
677 （こちらで）よろしいでしょうか？	（男性に）Is this All right, Sir? （女性に）Is this All right, Ma'am?
678 申し訳ございません。	（男性に）I'm sorry about that, Sir. （女性に）I'm sorry about that, Ma'am.
679 どうもありがとうございます。	（男性に）Thank you, Sir. （女性に）Thank you, Ma'am.
680 こちらでお待ちいただけますでしょうか？	（男性に）Would you wait here, Sir? （女性に）Would you wait here, Ma'am?

Audio 158

Knock Test Audio 159
最後にノックを聞いて答えよう。

675	676	677	678	679	680

In Action Advice

以下のラリーで Sir と Ma'am を言ってみよう。場面は受付というお客さまと出会う第一の場。Sir / Ma'am は、相手が若者や新人社員でない限り使える。特に Yes. / No. / Just a moment, please. の後によくつく。また、Sir / Ma'am は日本語の「お客さま」にあたるので、電話でも OK。

Knock	Return (Audio 160)

【接客 1】

Knock	Return
681 お客さま (Hello.) **I have an appointment with Tom Brady.** ありがとう。トム・ブラーディさんと約束しているのですが。	受付 (Hello.) **All right, Sir. May I have your name?** かしこまりました。お名前をいただけますか？
682 **Sure. It's Carl Burnett.** はい。カール・バーネットです。	**Just a moment, Sir.** 少々お待ちくださいませ。

【接客 2】

Knock	Return
683 お客さま (G'morning.) **Thanks. I'm here to see Florence Evans.** ありがとう。フローレンス・エバンスさんにお会いしたいのですが。	受付 (G'morning, Ma'am. Welcome to Pepper Printing.) **All right, Ma'am. May I have your name?** かしこまりました。お名前をいただけますか？
684 **I'm Tracy Chapman.** はい。トレーシー・チャップマンです。	**Just a moment, Ma'am.** 少々お待ちくださいませ。
685 **Oh. May I use your bathroom?** あの、お手洗いを使わせていただけますか？	**Yes, Ma'am. It's down the hall.** はい。ホールの向こう側にあります。

【接客 3】

Knock	Return
686 お客さま (G'morning.) **Isn't this SALT Publishing?** ここはソルト出版ではないですか？	受付 (G'morning, Ma'am. Welcome to Pepper Printing.) **No, Ma'am. It's Pepper Printing.** いいえ。ペッパー印刷でございます。
687 **Oh. May I use your phone?** あの、電話を使わせていただけますか？	**Sure, Ma'am. Here you are.** かしこまりました。どうぞ。
688 **Thanks.** ありがとう。	**Sure.** いいえ。

Knock Test Audio 161
最後にノックを聞いて答えよう。

681	682	683	684	685	686	687	688

相手の都合を聞く
Can we...? / Can you... ? ～は可能ですか？

Coach's Advice Can you... ？は、Can you swim?「泳げますか？」より、「～は可能ですか？」のニュアンス。Would you... ？は相手に何かをしてもらう依頼のしかた。下では Can we... ？のノック。2 セットで少しずつ文が長くなるよ。

Knock	Return (Audio 162)
689 明日お会いすることは可能ですか	**Can we meet tomorrow?**
690 水曜日ではなく、明日お会いすることは可能ですか？	**Instead of Wednesday, can we meet tomorrow?**
691 スカイプできますか？	**Can we Skype?**
692 そちらの時間の 10 時にスカイプできますか？	**Can we Skype at 10am, your time?**
693 ミーティングを少し後ろにずらすことは可能ですか？	**Can we move our meeting a little later?**
694 ミーティングを少し早めにずらすことは可能ですか？	**Can we move our meeting a little earlier?**

Knock Test Audio 163
最後にノックを聞いて答えよう。

689	690	691	692	693	694

In Action Advice

左ページの Can we... ？以外に Shall we... ？も Maybe we could... も OK。なぜなら主語の we があっているし十分ていねい。どれを使わなくてはいけないというものではないが、会話でのニュアンスを伝えるのは私の仕事のひとつだからあえて言うと、Shall we... ？はコンシェルジュや接待での響きがあり、Can we.... ？ Maybe we can... のほうがより身近な響きがある。

Knock	Return (Audio 164)
695 明日、来ていただくことは可能ですか？	Can you come tomorrow?
696 15 日に来ていただくことは可能ですか？	Can you come on the 15th?
697 金曜日までに終わらせることは可能ですか？	Can you finish by Friday?
698 今日中に終わらせることは可能ですか？	Can you finish by the end of the day?
699 かけ直していただくことは可能ですか？	Can you call back later?
700 3 時以降にかけ直していただくことは可能ですか？	Can you call back after 3:00?

Knock Test Audio 165

最後にノックを聞いて答えよう。

695	696	697	698	699	700

提案する
Should we...?　～しましょうか？

Coach's Advice You should... ではなく、ビジネス上の相手には We shoud... か Should we...? 表現が感じがいい。Should we... ？は「～しましょうか」という、ていねいなニュアンスもありながら、「～したほうがいいかな」にもなる。

Knock	Return (Audio 166)
701 （雨が降ってきて同僚に）窓、閉めたほうがいいでしょうか？	Should we close the windows?
702 （オフィスを最後に出るときに）電気、消したほうがいいでしょうか？	Should we turn off the lights?
703 （同僚の急の出来事に）警察、呼んだほうがいいでしょうか？	Should we call the police? ●ほかに ambulance など。
704 予備のコピーも作ったほうがいいでしょうか？	Should we make an extra copy? ●返事は Sure. など（→*p*.66）。
705 そろそろ行きましょうか？	Should we go now? ●コラボレーション度が上がるとよく使うようになる。
706 そろそろ始めましょうか？	Should we start now? ●（意）では、そろそろ……。Should we finish now?「終わりましょうか？」の（意）は、「では、この辺で」。

Knock Test Audio 167
最後にノックを聞いて答えよう。

701	702	703	704	705	706

やんわり指摘する
You might wanna... 〜したほうがいいかもしれません

Coach's Advice 指摘するときに、避けたいのは You should...。楽しい花見などに You should see it. ならいいが、指摘としてはちょっと強すぎるかも。でも、この You / We might wanna... はビジネスライクな指摘表現。

Knock	Return (Audio 168)
707 傘、持っていったほうがいいかもしれませんよ。	You might wanna take an umbrella. ●このように want to を wanna[ワナ]と発音する。フルで言っても間違いではないが、このように言うのがスタンダードになった。
708 先に電話したほうがいいかもしれませんね。	You might wanna call first. ●e-mail first も使う。
709 余分にコピーしたほうがいいかもしれませんね。	You might wanna make an extra copy.
710 （例えば空港から都内まで長いので）ここを出る前にメールをチェックしておいたほうがいいかもしれません。	We might wanna check our e-mail before we leave.
711 （今まで使っていた会議室の）机を戻したほうがいいかもしれません。	We might wanna move back the desks.
712 そろそろ出たほうがいいかもしれません。	We might wanna leave now.

Knock Test Audio 169
最後にノックを聞いて答えよう。

707	708	709	710	711	712

～しないといけません
You must... じゃなくて We need to...

Coach's Advice needは日本語の「～しなくちゃ」にぴったりの表現。mustは「～しなくちゃ」ではなく You must be tired.「きっとお疲れでしょう」のように使うことが多い。特に人に何かを注意するときにはmustを避けよう。

Knock	Return (Audio 170)
713 ここにサインしないといけないんです。	We need to sign here. ● このweは、「みんながすることになっている」というソフトなニュアンス。
714 朝来たら、ここにサインしないといけないんです。	When we come in the morning, we need to sign here.
715 もう、終わらせないといけません。	We need to finish now.
716 これからこの部屋は誰かが使うので、もう終わらせないといけません。	Someone's gonna use this room, so we need to finish now.
717 ゴミは分別しないといけません。	We need to separate the garbage.
718 ゴミは分別しないといけません。だからそれはここに捨てないといけません。	We need to separate the garbage, so we need to put that in here.

Knock Test Audio 171
最後にノックを聞いて答えよう。

713	714	715	716	717	718

～しないでください
Don't... じゃなくて We can't...

Coach's Advice Weを主語にするノックのラストは We can't。ここで避けたい表現の整理：You can't... より We can't...（下でマスター）。You should / must / have to... よりも、We need to...。また、You should... より You might wanna... で。

Knock	Return (Audio 172)
719 この部屋は使えません。	We can't use this room.
720 9時から5時まではこの部屋は使えません。	We can't use this room from 9:00 to 5:00.
721 去年から、会社のパソコンはYouTubeを見てはいけないことになりました。	Starting last year, we can't watch YouTube on company computers.
722 これは使用禁止です。	We can't use this.
723 カラーコピーは禁止です。	We can't make copies in color.
724 緊急でない限り、私用電話は禁止です。	Unless it's an emergency, we can't make personal telephone calls.

Knock Test Audio 173
最後にノックを聞いて答えよう。

719	720	721	722	723	724

Chapter 5 仕上げ MIX (1)

Knock	Return (Audio 174)
725 お茶はいかがですか?	Would you like some tea?
726 辞書はいりますか?	Would you like a dictionary?
727 これ、使ってもよろしいですか?	May I use this?
728 これ、開けてもよろしいですか?	May I open this?
729 ここにサインしていただけますか?	Would you sign here?
730 お座りになりますか?	Would you like to sit down?
731 (雨が降ってきて同僚に)窓、閉めたほうがいいでしょうか?	Should we close the windows?
732 そろそろ行きましょうか?	Should we go now?

Knock Test Audio 175

最後にノックを聞いて答えよう。

725	726	727	728	729	730	731	732

Knock	Return
733 何が食べたいですか？	What would you like to eat?
734 どちらへ行きたいですか？	Where would you like to go?
735 何時に出られますか？	What time would you like to leave?
736 ビールかワインはいかがですか？	Would you like beer or wine?
737 お代りはいかがですか？	Would you like a refill?
738 お任せします。 （直）あなたの好きなように。	It's up to you.
739 いただきましょう。 （直）始めましょうか。	Let's begin.
740 ここは私が（払います）。	I'll get this.

Knock Test Audio 175
最後にノックを聞いて答えよう。

733	734	735	736	737	738	739	740

Chapter 5 仕上げ MIX (2)

Knock	Return (Audio 176)
741 そろそろ出たほうがいいかもしれません。	You might wanna leave now.
742 傘を持っていったほうがいいかもしれません。	You might wanna take an umbrella.
743 フィードバックをお待ちしています。	I look forward to your feedback.
744 お電話をお待ちしております。	I look forward to your call.
745 ご連絡をお待ちしております。	I look forward to hearing from you.
746 （話の流れで）よろしくお願いします。	I look forward to that.
747 ちょっとごあいさつしようと思いまして。	I just wanted to say hello.
748 ちょっとお礼を伝えようと思いまして。	I just wanted to say thanks.

Knock Test Audio 177
最後にノックを聞いて答えよう。

741	742	743	744	745	746	747	748

Knock	Return
749 明日お会いすることは可能ですか	Can we meet tomorrow?
750 水曜日ではなく、明日お会いすることは可能ですか？	Instead of Wednesday, can we meet tomorrow?
751 かけ直していただくことは可能ですか？	Can you call back later?
752 3時以降にかけ直していただくことは可能ですか？	Can you call back after 3:00?
753 もう終わらせないといけません。	We need to finish now.
754 これからこの部屋は誰かが使うので、もう終わらせないといけません。	Someone's gonna use this room, so we need to finish now.
755 この部屋は使えません。	We can't use this room.
756 9時から5時までは、この部屋は使えません。	We can't use this room from 9:00 to 5:00.

Knock Test Audio 177
最後にノックを聞いて答えよう。

749	750	751	752	753	754	755	756

Chapter 6

FIGURES AND NUMBERS

数字を瞬時に英語に変換するトレーニング

100万円を英語ですぐに言えますか？　大きな金額や数字もこのChapterをマスターすれば恐くない。

数字を英語に変換するのはこのカンマがポイント！！

(1億2345万6789)

123, 456, 789

↑ million (100万)

↑ thousand (1,000)

123 million　456 thousand　789

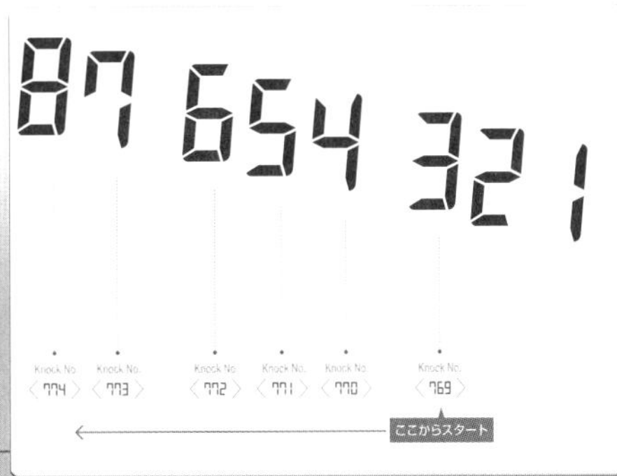

p.144　87 Million Drill

p.164 不動産にまつわる数字

文法は多少間違えても相手に通じるケースが多いけれど、数字は別物。間違えたら大きなミスにつながることもあるから、ここでしっかりマスターしてね。数字の練習コースは以下のとおり。

微妙な数字の発音トレーニング 13 and 30

Coach's Advice 数字が登場する大切な場面がふたつある。それはお金と時間。数字を英語で言うときに気をつけなければならないのは、語尾を強調する teen と語尾を弱くする -ty の発音。セットで練習すれば正確に身につけられるはず。

Knock	Return (Audio 178)
757 15, 50	fifteen, fifty ● フィフ**ティーン**とフィフ**ティ**ですね。特に、時間に欠かせない違い。
758 13, 30 / 14, 40	thirteen, thirty / fourteen, forty ● いっきにこの4つを言えた？ 30 や 40 の文末 th のところは、アルファベットの D のように発音する（強調せずにね）。
759 16, 60 / 17, 70	sixteen, sixty / seventeen, seventy
760 18, 80 / 19, 90	eighteen, eighty / nineteen, ninety
761 1960（年）/ 1980（年）	nineteen-sixty / nineteen-eighty ● 2012 は twenty-twelve、2015 は twenty-fifteen、2020 は twenty-twenty。
762 5:15 / 6:50	five fifteen / six fifty

Knock Test Audio 179
最後にノックを聞いて答えよう。

757	758	759	760	761	762

In Action Advice

今度は数字を文中で言ってみよう。英文の細かい部分にこだわらずに、数字の表現に集中して。例えば「〜を探している」には Where is... ? だっていい。私も相手が誤解するといけないと思い、よく fifteen と言った後に、One-Five と補足することがある。ところで日本語の7「シチ」と1「イチ」だって音は似てますよね。私は日本語のノンネイティブだが、あなたの teen の苦労はわかるよ。

Knock	Return (Audio 180)
763 ダウニング・ストリート 14 番を探しています。	I'm looking for 14 Downing Street.
764 申し訳ありません。コピー 15 部と言いましたか、50 部と言いましたか？	I'm sorry. Did you say 15 or 50 copies?
765 コピーを 50 部と封筒を 60 枚いただけますか？	May I have 50 copies and 60 envelopes?
766 来年社長は 70 歳で、私は 44 歳になります。	Our president will be 70 next year, and I'll be 44.
767 私は 1980 年生まれです。	I was born in 1980.
768 これを 10 時 30 分までに終わらせないといけないんです。	I have to finish this by 10:30.

Knock Test Audio 181
最後にノックを聞いて答えよう。

763	764	765	766	767	768

1000 900 800 700 600 500 400 300 200 100

87 Million Drill
thousand、million をマスター

Coach's Advice

この 87Million Drill。聞いたことある？　私は授業で使うけれど、書籍ではここが初公開。これから音声で練習するけれど、音声がなくても空いている時間に練習できるので自習しやすい。やりかたはとっても簡単。

1）メモ帳に 8 から 1 までの数字を書く（下のように）。
2）数字の間に 2 カ所カンマかスペースを入れる。
3）英語で 3 からの数字を言ってみる。
4）次は 4 からの数字……というように。

時間内に、しかもふたつの数字を答えてもらいます。ずばりそのままの数字と、キリのいいところで四捨五入する Round UP 方式で。たとえば、14,872 なら About 15 thousand でね。

Knock Test Audio 183

最後にノックを聞いて答えよう。

769	770	771	772	773	774

	Knock	Return (Audio 182)
769	What is the number from 3? 3から始まる数字は?	3 hundred 21. 321
	That's about how much? だいたいいくつ?	About 3 hundred. 約 300
770	What's the number from 4? 4から始まる数字は?	4 thousand 3 hundred 21. 4,321
	That's about how much? だいたいいくつ?	About 4 thousand. 約 4,000
771	What's the number from 5? 5から始まる数字は?	54 thousand 3 hundred 21. 54,321
	That's about how much? だいたいいくつ?	About 50 thousand. 約 50,000
772	What's the number from 6? 6から始まる数字は?	6 hundred 54 thousand 3 hundred 21. 654,321
	That's about how much? だいたいいくつ?	About 7 hundred thousand . 約 700,000
773	What's the number from 7? 7から始まる数字は?	7 million 6 hundred 54 thousand 3 hundred 21. 7,654,321
	That's about how much? だいたいいくつ?	About 8 million. 約 8,000,000
774	What's the number from 8? 8から始まる数字は?	87 million 6 hundred 54 thousand 3 hundred 21. 87,654,321
	That's about how much? だいたいいくつ?	About 90 million 約 90,000,000

12 Million Drill
thousand、million をマスター

Coach's Advice では、同じ方式で 12 Million Drill にいってみよう。これもメモ帳に書いて簡単にセルフトレーニングできます。今度は 1 から 8 までの数字を書いて、右から順に 3 数字づつのところにカンマかスペースを置いてね。カンマやスペースを置くことで数字を英語で言いやすくなるはず。カンマの前をまるごと言うのは法則。例えば 77,800,900 なら、まず 77 million、そしてカンマの前で区切って 800 thousand、最後に 900 で。つまり 77 million 8 hundred thousand 9 hundred。About なら 78 million ですね。

Knock Test Audio 185
最後にノックを聞いて答えよう。

775	776	777	778	779	780

	Knock	Return (Audio 184)
775	What is the number from 6? 6から始まる数字は?	6 hundred 78. 678
	That's about how much? だいたいいくつ?	About 7 hundred. 約 700
776	What's the number from 5? 5から始まる数字は?	5 thousand 6 hundred 78. 5,678
	That's about how much? だいたいいくつ?	About 6 thousand. 約 6,000
777	What's the number from 4? 4から始まる数字は?	45 thousand 6 hundred 78. 45,678
	That's about how much? だいたいいくつ?	About 50 thousand. 約 50,000
778	What's the number from 3? 3から始まる数字は?	3 hundred 45 thousand 6 hundred 78. 345,678
	That's about how much? だいたいいくつ?	About 4 hundred thousand. 約 400,000
779	What's the number from 2? 2から始まる数字は?	2 million 3 hundred 45 thousand 6 hundred 78. 2,345,678
	That's about how much? だいたいいくつ?	About 2 million. 約 2,000,000
780	What's the number from 1? 1から始まる数字は?	12 million 3 hundred 45 thousand 6 hundred 78. 12,345,678
	That's about how much? だいたいいくつ?	About 10 million. 約 10,000,000

やっかいな単位「万」をサッと英語に変換
「万」単位 Master

Coach's Advice 英作文では主語・動詞が大切だが、数字の場合は万単位を磨かないといけないところ。87 Million Drill と同じように、カンマの前の数字をそのまま言ってから thousand にするというのが法則：8 万なら 80,000 なので eighty + thousand。16 万は 160,000 なので 1 hundred 60 ＋ thousand でね。

Knock	Return (Audio 186)
781 1 万 8 万	10 thousand, 80 thousand. ● 10,000 と 80,000 ね。カンマの位置に注目。
782 1 万 5000 8 万 2000	15 thousand, 82 thousand.
783 10 万 16 万	1 hundred thousand, 1 hundred 60 thousand.
784 77 万 91 万	7 hundred 70 thousand, 9 hundred 10 thousand.
785 100 万 800 万	1 million, 8 million. ●今度はひとつの数字にカンマふたつ。1,000,000 と 8,000,000。million にはカンマふたつと覚えよう。
786 230 万円 780 万円	2 million 3 hundred thousand yen, 7 million 8 hundred thousand yen.
787 1000 万円 2500 万円	10 million yen, 25 million yen. ● 1 億と 3 億は 100 million と 300 million。

Knock Test Audio 187
最後にノックを聞いて答えよう。

781	782	783	784	785	786	787

In Action Advice

では、会話キャッチボールで万単位の数字を言ってみよう。いきなり月収や年収を聞くということはないかもしれないけど、希望額でもOKなので答えてみよう。年齢や家族構成もそうだが、話の流れがあって、それに沿っていれば相手に質問するのはNo problem.。ところで、いきなり出身地を聞くのもNG。「あなた顔が違うからどこの人？」のような未熟な印象を与えかねない。話の流れがあったら大丈夫。よい話のきっかけは *p*.35、38参照。

Knock	Return (Audio 188)
788 **About how much is your monthly salary?** 月給はいくらくらいですか？	**About 4 hundred thousand yen.** 40万円(400,000)くらい。
789 **About how much is your yearly salary?** 年収はおよそいくらですか？	**About 7 million yen.** 700万円(7,000,000)くらい。
790 **About how much is your monthly rent?** 家賃はいくらくらいですか？	**About 1 hundred 40 thousand yen.** 14万円(140,000)くらい。
791 **About how much is in your bank account right now?** 今、銀行口座にはいくらくらいありますか？	**About 3 million yen.** 300万円(3,000,000)くらい。
792 **About hou much is in your wallet right now?** 今、お財布の中にいくらくらい入っていますか？	**About 20 thousand yen.** 2万円(20,000)くらい。
793 **About how much is a typical home in big Japanese city?** 日本の大きな都市での、典型的な住宅の価格はいくらくらいですか？	**About 60 million yen.** 6千万円(60,000,000)くらい。
794 **How about a typical apartment?** 典型的なマンションはどうですか？	**About 40 million yen.** 4千万円(40,000,000)くらい。

Knock Test Audio 189
最後にノックを聞いて答えよう。

788	789	790	791	792	793	794

プレゼンノックの使い方

数字ノックのトレーニングお疲れさま！　ついに800本を越えましたね。次のユニットでは、数字を使ったプレゼンをします。Are you ready for the next step? いきなりプレゼンと聞いて「え！」と思う人もいるかもないけど、安心してください。

ノック式プレゼントレーニングは、まさにはじめて英語でプレゼンをする人のためのものです。プレゼンで最も大切な基礎の基礎をギュッと凝縮して練習するね。

ノック式プレゼンは以下のステップ

STEP 1 → STEP 2 → STEP 3

プレゼン
準備

STEP 1

プレゼンの骨組みをマスター

「準備」のページでは、プレゼンの骨組みを英語で言うための練習をします。左のページには、これからあなたがプレゼンをする情報についての資料がありますので、それを見ながらノックに答えましょう。

※補足メモ
本番プレゼンで使える補足フレーズ。本番プレゼンでふたつか３つ入れてみてね。

I'll tell you about these charts.

プレゼン
本番

STEP 2

コーチのお手本を聞く

すべてのプレゼンには、コーチのお手本が収録されています。自分の「本番」の前に一度聞いて、参考にしましょう。

STEP 3

いよいよ「本番」

「本番」ページは通常のノック&リターンとは異なり、あなたがプレゼンをするための時間を30秒ブランクで用意しています。コーチが司会者になりますので、頑張ってプレゼンしてください。

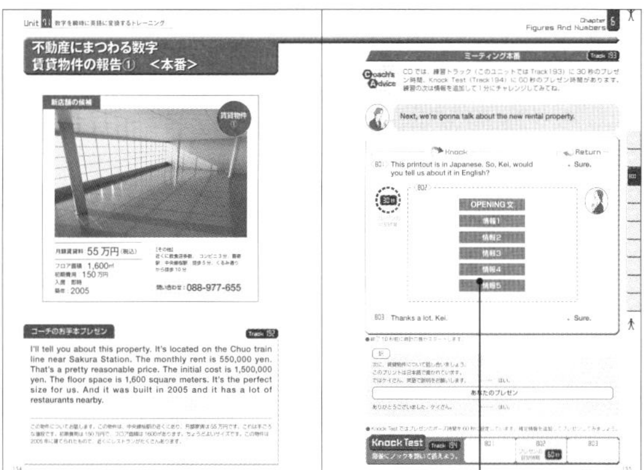
Unit 21 数字を瞬時に英語に変換するトレーニング

不動産にまつわる数字
賃貸物件の報告① <本番>

新店舗の候補

月額賃貸料 55万円(税込)
フロア面積 1,600㎡
初期費用 150万円
築年 2005
問い合わせ:088-977-655

コーチのお手本プレゼン Track 192

I'll tell you about this property. It's located on the Chuo train line near Sakura Station. The monthly rent is 550,000 yen. That's a pretty reasonable price. The initial cost is 1,500,000 yen. The floor space is 1,600 square meters. It's the perfect size for us. And it was built in 2005 and it has a lot of restaurants nearby.

Chapter 6 Figures And Numbers

ミーティング本番 Track 193

Coach's Advice CDでは、練習トラック(このユニットではTrack193)に30秒のプレゼン時間、Knock Test (Track194)に60秒のプレゼン時間があります。練習の次は情報を追加して1分にチャレンジしてみてね。

Next, we're gonna talk about the new rental property.

Knock / Return

801 This printout is in Japanese. So, Kei, would you tell us about it in English? — Sure.

802 OPENING文 / 情報1 / 情報2 / 情報3 / 情報4 / 情報5

803 Thanks a lot, Kei. — Sure.

あなたのプレゼン

Knock Test Track 194

※ここであなたがプレゼンをします。
「準備」のページで練習したOPENING文や情報で、プレゼンしてみてください。

不動産にまつわる数字
賃貸物件の報告① <準備>

Coach's Advice 本書で初めてのプレゼンノックの時間がやってまいりました！ 前のページの3ステップはわかりましたか？ まず私と応対ノックで準備。これは、プレゼンの口慣らしになるはず。それから次のページではプレゼン本番。早口ではなく、スムーズに英文（情報）を言えばいいからね。頑張ってね。

新店舗の候補

賃貸物件①

月額賃貸料：55万円（税込）

フロア面積：1,600㎡
初期費用：150万円（税込）
入居：即時
築年：2005

【その他】
近くに飲食店多数、 コンビニ3分、最寄駅：中央線桜駅 徒歩5分、くるみ通りから徒歩10分

問い合わせ：088-977-655

補足メモ

It's the perfect size.
（ちょうどよい大きさです）
It's a pretty reasonable price.
（かなり手頃な値段です）
It's a very convenient location.
（便利な場所にあります）

Knock	Return (Audio 190)
795 **OPENING 文** So, let's talk about the first rental property. Where is it located? では、1件目の賃貸物件について話し合いましょう。これはどこにありますか?	It's located on the Chuo train line near Sakura Station. 中央線の桜駅の近くにあります。 ●線は line ではなく、train line がよい。.
796 **情報 1** How much is the monthly rent? 賃貸料金はいくらですか?	The monthly rent is 5 hundred 50 thousand yen. 賃貸料金は、55万円(550,000)です。 ●一応、フルセンテンスで言ってみよう。次の本番プレゼンで丸ごと言うようになるので。
797 **情報 2** How much is the initial cost? 初期費用はいくらですか?	The initial cost is 1 million 5 hundred thousand yen. 初期費用は、150万円(1,500,000)です。
798 **情報 3** How much floor space is there? フロア面積はどれくらいですか?	The floor space is 1 thousand 6 hundred square meters. フロア面積は、1,600㎡ です。
799 **情報 4** When was it built? 建てられたのはいつですか?	It was built in 2005. 2005年に建てられました。
800 **情報 5** OK. Anything else? ほかには何かありますか?	Yeah. It has a lot of restaurants nearby. はい。近くに飲食店がたくさんあります。

Knock Test Audio 191
最後にノックを聞いて答えよう。

795	796	797	798	799	800

不動産にまつわる数字
賃貸物件の報告①　＜本番＞

新店舗の候補

賃貸物件 ①

月額賃貸料：**55 万円**（税込）

フロア面積：**1,600㎡**
初期費用：**150 万円**
入居：即時
築年：**2005**

【その他】
近くに飲食店多数、 コンビニ 3 分、最寄駅：中央線桜駅　徒歩 5 分、くるみ通りから徒歩 10 分

問い合わせ：**088-977-655**

コーチのお手本プレゼン

Audio 192

I'll tell you about this property. It's located on the Chuo train line near Sakura Station. The monthly rent is 550,000 yen. That's a pretty reasonable price. The initial cost is 1,500,000 yen. The floor space is 1,600 square meters. It's the perfect size for us. And it was built in 2005 and it has a lot of restaurants nearby.

この物件についてお話しします。この物件は、中央線桜駅の近くにあり、月額家賃は 55 万円です。これは手ごろな値段です。初期費用は 150 万円で、フロア面積は 1600㎡あります。ちょうどよいサイズです。この物件は 2005 年に建てられたもので、近くにレストランがたくさんあります。

ミーティング本番

Audio 193

Coach's Advice 音声では、練習トラック（このユニットでは Audio193）に 30 秒のプレゼン時間、Knock Test（Audio194）に 60 秒のプレゼン時間があります。練習の次は情報を追加して 1 分にチャレンジしてみてね。

Next, we're gonna talk about the new rental property.

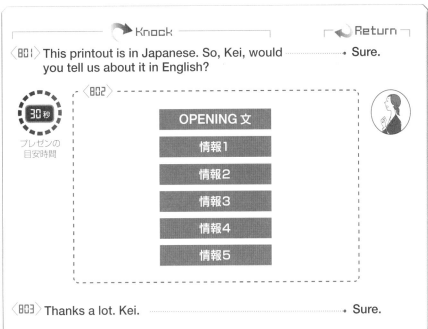

Knock	Return
〈801〉 This printout is in Japanese. So, Kei, would you tell us about it in English?	Sure.
〈802〉 OPENING 文 / 情報1 / 情報2 / 情報3 / 情報4 / 情報5 (30秒 プレゼンの目安時間)	
〈803〉 Thanks a lot. Kei.	Sure.

●終了 10 秒前に時計の音がスタートします。

訳

次に、賃貸物件について話し合いましょう。
このプリントは日本語で書かれています。
ではケイさん、英語で説明をお願いします。 ……… はい。

あなたのプレゼン

ありがとうございました。ケイさん。 ……… はい。

●Knock Test ではプレゼンのポーズ時間を 60 秒に設定しています。補足情報を追加してプレゼンしてみましょう。

Knock Test Audio 194
最後にノックを聞いて答えよう。

801	802	803
	プレゼンの目安時間 60秒	

不動産にまつわる数字
賃貸物件の報告② ＜準備＞

Coach's Advice ひとつめのプレゼンはどうでしたか？　日本語で表記されている数字を瞬時に英語に変換して言えたらOKね。スムーズに言えるようになるためにはやっぱり練習。では、ふたつめのプレゼン、まずは準備から。

新店舗の候補

賃貸物件 ②

月額賃貸料：約105万円（税込）

フロア面積：6,610㎡
初期費用：220万円（税込）
入居：2012年10月末
築年：2002

【その他】
賃貸料値下げ（2012年8月）、駐車場併設（5台）、利用フロア：2,3階
最寄駅：中央線さつき駅　徒歩3分

問い合わせ：くるみ不動産 235-543-687

補足メモ

It's a pretty reasonable price.
（手ごろな値段です）

It's pretty expensive.
（けっこう値段がはります）

Knock	Return Audio 195
804 OPENING 文 So let's talk about the rental property. Where is it located? では、賃貸物件について話し合いましょう。この賃貸物件はどこにありますか?	It's located on the Chuo train line near Satsuki Station. 中央線のさつき駅の近くにあります。
805 情報 1 How much is the monthly rent? 賃貸料金はいくらですか?	The monthly rent is 1 million 50 thousand yen. 賃貸料金は、105 万円 (1,050,000) です。
806 情報 2 How much is the initial cost? 初期費用はいくらですか?	The initial cost is 2 million 2 hundred thousand yen. 初期費用は、220 万円 (2,200,000) です。
807 情報 3 How much floor space is there? フロア面積はどれくらいですか?	The floor space is 6 thousand 6 hundred 10 square meters. フロア面積は、6,610㎡です。
808 情報 4 When was it built? 建てられたのはいつですか?	It was built in 2002. 2002 年に建てられました。
809 情報 5 Anything else? ほかには何かありますか?	Uh-huh. It has a reduced price. And it has 5 parking spaces. 値下げされています。そして5台分の駐車場があります。

Knock Test Audio 196
最後にノックを聞いて答えよう。

804	805	806	807	808	809

不動産にまつわる数字
賃貸物件の報告② <本番>

新店舗の候補

賃貸物件 ②

月額賃貸料：約 105 万円（税込）

フロア面積：6,610㎡
初期費用：220 万円（税込）
入居：2012 年 10 月末
築年：2002

【その他】
賃貸料値下げ（2012 年 8 月）、駐車場併設（5 台）、利用フロア：2,3 階
最寄駅：中央線さつき駅　徒歩 3 分

問い合わせ：くるみ不動産 235-543-687

コーチのお手本プレゼン

Audio 197

OK, ladies and gentlemen, I'll tell you about the rental property. It's located on the Chuo train line near Satsuki Station. That's a convenient location. The monthly rent is 1,050,000 yen That's a little expensive. The initial cost is 2,200,000 yen. The floor space is 6,610 square meters. That's a lot of space. It was built in 2002. It's a little old. And it has a reduced price.

みなさん、この賃貸物件についてお話します。この物件は中央線さつき駅の近くにあり、便利なロケーションです。月額家賃は 105 万円と少し高めです。初期費用は 220 万円です。フロア面積は 6610㎡あり、とても広いです。この物件は 2002 年に建てられました。少し古いですが、価格が値下げされています。

ミーティング本番

Audio 198

Coach's Advice 2回目の時間内のミニ情報プレゼン。少し余裕が出るはず。まず、自分のペースでやってみていいよ。その後に、自分なりの制限時間を設けて言ってみてから音声トレーニングへ GO!

Next, we're gonna talk about the new rental property.

Knock — Return

〈810〉 This printout is in Japanese. So, Kei, would you tell us about it in English? ······ Sure.

〈811〉

30秒 プレゼンの目安時間

OPENING 文
情報1
情報2
情報3
情報4
情報5

〈812〉 Thanks a lot Kei. ······ Sure.

訳

次に、賃貸物件について話し合いましょう。
このプリントは日本語で書かれています。
ではケイさん、英語で説明をお願いします。 ········· はい。

あなたのプレゼン

ありがとうございました。ケイさん。 ········· はい。

●Knock Test ではプレゼンのポーズ時間を 60 秒に設定しています。補足情報を追加してプレゼンしてみましょう。

Knock Test Audio 199
最後にノックを聞いて答えよう。

810	811	812
	プレゼンの目安時間 60秒	

不動産にまつわる数字 倉庫物件の報告①　＜準備＞

Coach's Advice 今度は倉庫物件。少しだけ数字が大きくなるが、プレゼン方法は同じ。そして評価方法も同じ。私のお手本も含めてパーフェクトはないので安心して。プレゼン本番の時間枠（30 秒）で 6 ～ 9 文が言えれば OK。そして、万単位の数字もしっかりね。

新店舗の候補

倉庫物件 ①

価格：約 9200 万円（税込）

土地面積：17,321㎡（約 1 万 7 千㎡）
建物面積：12,131㎡（約 1 万 2 千㎡）
入居：即時
築年：1999

【その他】
●内面・外面リフォーム済み
●所在地：川野市　都心から約 50 分

問い合わせ：459-444-322

補足メモ

It's a convenient location.
（便利なロケーションにあります）

It's a little expensive.
（少し値段がはります）

It has a lot of space.
（とても広いです）

It's a little old.
（少し古いです）

Knock	Return Audio 200
813 **OPENING 文** So, let's talk about the warehouse for sale. Where is it located? では、売り倉庫について話し合いましょう。これはどこにありますか？	It's located in Kawano. It's about 50 minutes from the city. 川野にあります。都市から約 50 分です。 ● 立地の説明は距離や地名ではなく、時間で答えることがポイント。Km は世界共通の単位ではない。
814 **情報 1** And, how much is this property? 物件の価格はいくらですか？	It's about 92 million yen. 約 9 千 2 百万円 (92,000,000) です。 ● だいたいの数字で答えられることも大切。実際のビジネスでは細かい千円単位の数字は誰もわかりません。
815 **情報 2** OK. How big is the land area? 土地面積は約どれくらいですか？	The land area is about 17 thousand square meters. 土地面積は、約 1 万 7 千㎡ (17,000) です。
816 **情報 3** OK. And how much floor space is there? 建物面積は約どれくらいですか？	The floor space is about 12 thousand square meters. 建物面積は、約 1 万 2 千㎡ (12,000) です。
817 **情報 4** When was it built? いつ建てられましたか？	It was built in 1999. 1999 年に建てられました。
818 **情報 5** All right. Anything else? ほかには何かありますか？	The interior and exterior have been renovated recently. 内面・外面が最近リフォームされました。

Knock Test Audio 201
最後にノックを聞いて答えよう。

813	814	815	816	817	818

不動産にまつわる数字
倉庫物件の報告① <本番>

新店舗の候補

倉庫物件
①

価格：**約 9200 万円**（税込）

土地面積：17,321㎡（約 1 万 7 千㎡）
建物面積：12,131㎡（約 1 万 2 千㎡）
入居：即時
築年：1999

【その他】
●内面・外面リフォーム済み
●所在地：川野市　都心から約 50 分

問い合わせ：**459-444-322**

コーチのお手本プレゼン

Audio 202

I'll tell you about the warehouse for sale. It's located in Kawano. It's about 50 minutes from the city. The property costs about 92,000,000 yen. That's pretty reasonable. The land area is about 17,000 square meters. The floor space is about 12,000 square meters, and it was built in 1999. Also, the interior and exterior have been renovated recently.

この倉庫物件についてお話します。これは川野にあり、市内から 50 分ほどかかります。価格は 9200 万円で、手ごろです。土地面積は約 17000㎡あり、フロア面積は約 12000㎡です。1999 年に建てられました。また、内装と外装は最近リフォームされています。

ミーティング本番

Audio 203

Coach's Advice 今回は、日本の単位の平方メートルと円を使うが、square feet「平方フィート」、ドルやユーロでもプレゼン方法は同じ。では、本番にいきましょう。

Next, we're gonna talk about the warehouse for sale.

Knock	Return
〈819〉 The printout is in Japanese. So, Kei, would you tell us about it in English?	OK.

30秒
プレゼンの目安時間

〈820〉

- OPENING 文
- 情報1
- 情報2
- 情報3
- 情報4
- 情報5

〈821〉 Thanks a lot Kei.	Sure.

訳

次に、倉庫物件について話し合います。
このプリントは日本語で書かれています。
ではケイさん、英語で説明をお願いします。 ……… はい。

あなたのプレゼン

ありがとうございました。ケイさん。 ……… はい。

●Knock Test ではプレゼンのポーズ時間を 60 秒に設定しています。補足情報を追加してプレゼンしてみましょう。

Knock Test Audio 204
最後にノックを聞いて答えよう。

819	820	821
	プレゼンの目安時間 60秒	

不動産にまつわる数字
倉庫物件の報告② ＜準備＞

Coach's Advice 不動産に関するプレゼンもいよいよラストスパートです。特に今回は下の補足メモの情報を見て、少しでもプレゼンに追加してみよう。補足情報が言えることも大切なプレゼンの練習！

新店舗の候補

倉庫物件
②

価格：1億3,999万円（税込）

土地面積：21,698㎡（約2万2千㎡）
建物面積：32,799㎡（約3万3千㎡）
入居：8月末
築年：2012

【その他】
隣にガソリンスタンド併設 、山野市
都心から約1時間40分

問い合わせ：Posh Real Estate. real.com@pre.abc

補足メモ

It's a little far.
（少し遠いです）
It's brand new.
（新築です）
It's avaliable at the end of the August.
（8月の終わりごろから使用することができます）

Knock	Return (Audio 205)
822 **OPENING 文** So, let's talk about the warehouse for sale. Where is it located? では、売り倉庫について話し合いましょう。これはどこにありますか？	It's located in Yamano. It's about 1 hour and 40 minutes from the city. 山野にあります。都心から約1時間40分です。
823 **情報1** How much is this property? 物件の価格はいくらですか？	It's 1 hundred 39 million 9 hundred 90 thousand yen. 1億3,999万円（139,990,000）です。
824 **情報2** And, how big is the land area? 土地面積は約どれくらいですか？	The land area is about 22 thousand square meters. 土地面積は、約2万2千㎡（22,000）です。
825 **情報3** How much floor space is there? 建物面積は約どれくらいですか？	The floor space is about 33 thousand square meters. 建物面積は、約3万3千㎡（33,000）です。
826 **情報4** When was it built? いつ建てられましたか？	It was built in 2012. 2012年に建てられました。
827 **情報5** OK. Anything else? ほかには何かありますか？	It has a gas station next door. 隣にはガソリンスタンドがあります。

Knock Test Audio 206
最後にノックを聞いて答えよう。

822	823	824	825	826	827

不動産にまつわる数字 倉庫物件の報告②　<本番>

新店舗の候補

価格:1億3,999万円(税込)

土地面積:21,698㎡(約2万2千㎡)
建物面積:32,799㎡(約3万3千㎡)
入居:8月末
築年:2012

【その他】
隣にガソリンスタンド併設、山野市
都心から約1時間40分

問い合わせ:Posh Real Estate. Info@pre.com

コーチのお手本プレゼン

Audio 207

I'll tell you about the warehouse for sale. It's located in Yamano. It's about 1 hour and 40 minutes from the city, so it's a little far. The property costs 139,990,000 yen. That's pretty reasonable, and the land area is about 22,000 square meters. The floor space is about 33,000 square meters. It has a lot of space. It was built in 2012. It's brand new.

この倉庫物件についてお話します。この物件は、山野にあり都心から1時間40分ほどかかります。すこし遠いです。価格は1億3999万円で、結構手ごろです。また、土地面積は22000㎡、フロア面積は33000㎡で、スペースは十分にあります。2012年に建てられた新築です。

本番プレゼン

Audio 208

Coach's Advice 音声で本番に入る前に、時間を測らずに音声なしでひとりで練習してみるのもおすすめ。100 点満点でなくても自分の中で 80 点くらいが獲得できれば先に進んでいいよ。

OK everyone. Next, we're gonna talk about the warehouse for sale.

Knock / Return

〈828〉 The printout is in Japanese. So, Kei, would you tell us about it in English? …… OK.

30秒 プレゼンの目安時間

〈829〉

- OPENING 文
- 情報1
- 情報2
- 情報3
- 情報4
- 情報5

〈830〉 Thanks a lot. Kei. …… Sure.

訳

次に、倉庫物件について話し合います。
このプリントは日本語で書かれています。
ではケイさん、英語で説明をお願いします。 ……… はい。

あなたのプレゼン

ありがとうございました。ケイさん。 ……… はい。

● Knock Test ではプレゼンのポーズ時間を 60 秒に設定しています。補足情報を追加してプレゼンしてみましょう。

Knock Test Audio 209
最後にノックを聞いて答えよう。

828	829	830
	プレゼンの目安時間 60秒	

Chapter 7

EXPRESSING BASIC OPINIONS

Yes / No / わかりませんをビジネスライクに言う

Yes. だけではなく、No. と言える力とその礼儀正しい言い方をマスター。

Do you have any plans for this weekend?
Yeah. I think I'm gonna see a movie with a friend. How about you?

100 200 300 400 500

May I use this umbrella?

Do you have a stapler?

Yes. だけではなく **No.** の返事のしかたをマスターする◎×ノック。以下のコースでトレーニングするよ。

◎×ノックの後、さらにレベルアップのノックもあるよ。頑張って！

「～はいかがですか?」に答える◎×ノック
Yeah. Thanks a lot. / Actually... + Thanks anyway.

Coach's Advice 「はい」は Yes. よりも Yeah. のほうが自然。Yeah. はくだけた表現ではなく、スタンダードな返事で、その後に Thank you. などをつなげて言う。最初の◎の返事では Yeah.+ お礼を言う練習をするよ。お礼にもさまざまあるが（→ *p*.50）中でも、Yeah.+Thanks. は以下の質問をすべてカバーするオールマイティ表現。

◎ Thanks. のバリエーションでリターンしよう。

Knock	Return　Audio 210
Would you like some coffee? コーヒーはいかがですか？	831 **Oh, yeah. Thanks.** お願いします。どうもありがとう。
Would you like to check your e-mail on this PC? このパソコンでメールチェックされますか？	832 **Yeah. Thanks a lot.** はい。どうもありがとう。
Would you like some help? 手伝いましょうか？	833 **Yeah. Thank you so much.** お願いします。どうもありがとうございます。
Would you like my e-mail address? メールアドレス、要りますか？	834 **Yeah. Thanks a lot.** はい。どうもありがとう。
Would you like our company brochure? 弊社のパンフレットはいかがですか？	835 **Yeah. Thanks a lot.** はい。どうもありがとう。
Would you like to join us? 一緒にどうですか？	836 **Yeah. Thanks a lot.** ええ。どうもありがとう。

Knock Test Audio 211
最後にノックを聞いて答えよう。

831	832	833	834	835	836

Coach's Advice

次は、「～いかがですか」に対して「申し訳ありませんが……」と断る練習をしよう。ここではふたつの文を作文するので、左ページの◎の返事よりもはるかにレベルアップ。答え方は Actually の後に、断る理由を簡潔に述べるだけ。そして、何かを断るときの便利フレーズ Thanks anyway. で終わる。これは日本特有の気遣いの気持ちを上手く表している表現。例えば「お気遣いありがとう」「お気持ちだけ」には Thanks anyway. がぴったり。

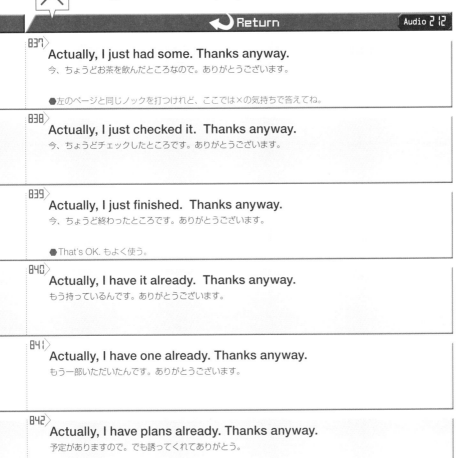

× Acutally, + 1 文 . Thanks anyway. でリターンしよう。

Return

Audio 212

837 **Actually, I just had some. Thanks anyway.**
今、ちょうどお茶を飲んだところなので。ありがとうございます。

●左のページと同じノックを打つけれど、ここでは×の気持ちで答えてね。

838 **Actually, I just checked it. Thanks anyway.**
今、ちょうどチェックしたところです。ありがとうございます。

839 **Actually, I just finished. Thanks anyway.**
今、ちょうど終わったところです。ありがとうございます。

●That's OK. もよく使う。

840 **Actually, I have it already. Thanks anyway.**
もう持っているんです。ありがとうございます。

841 **Actually, I have one already. Thanks anyway.**
もう一部いただいたんです。ありがとうございます。

842 **Actually, I have plans already. Thanks anyway.**
予定がありますので。でも誘ってくれてありがとう。

●plans は常に複数形。I have a plan. と言ったら、具体的な戦略のある計画がある、という意味。

Knock Test Audio 213
最後にノックを聞いて答えよう。

837	838	839	840	841	842

ちょっとした物の貸し借り◎×ノック
Sure. Here you are. / Acutally...

Coach's Advice 英語にはふたとおりの「どうぞ」表現がある。Here you are.「はい、どうぞ」と Go ahead. (→*p.*174)。Here you are. は Here you go. より少しだけていねい度が高いので、ビジネス上でのあいさつや簡単な物の貸し借りでもおすすめ。右ページでは、貸してあげられないときの表現 Actually + 1 文のパターンをやるよ。

◎ Sure. Here you are. でリターンしよう。

Knock	Return (Audio 2 14)
Do you have a stapler? ホッチキス、持ってますか？	843 **Sure. Here you are.** はい、どうぞ。
Can I borrow your scissors for a minute? ちょっとハサミを借りてもいい？	844 **Sure. Here you are.** はい、どうぞ。
Do you mind if I borrow this chair? この椅子借りてもいいですか？	845 **Sure. Here you are.** いいよ、どうぞ。
May I have your signature here? サインしてもらえる？	846 **Sure. Here you are.** はい、どうぞ。 ●動詞として sign「サインする」を Would you sign here? と使うのは OK だが、名詞では必ず signature で。
Do you have any tape? ガムテーム、持ってる？	847 **Sure. Here you are.** あるよ。どうぞ。
Do you have any white-out? 修正液、持ってる？	848 **Sure. Here you are.** あるよ。どうぞ。 ●paper clip（クリップ）、post it（付箋）

Knock Test Audio 2 15
最後にノックを聞いて答えよう。

843	844	845	846	847	848

Actually,
I can't find my
stapler.

Acutally, + 1 文 . Sorry about that. でリターンしよう。

Return

Audio 2 16

849 **Actually, I can't find my stapler. Sorry about that.**
申し訳ないのですが、ホッチキスが見つからないんですよ。すみません。

●ほかに持っている人を知っているときは、John has one.「ジョンが持ってます」。

850 **Actually, I can't find my scissors. Sorry about that.**
申し訳ないのですが、ハサミが見つからないんです。すみません。

851 **Actually, I need to use this one. Sorry about that.**
申し訳ないのですが、私も使うんですよ。すみません。

852 **Actually, I need to check that first. Sorry about that.**
申し訳ないのですが、ちょっと先に確認したいことがあるので。すみません。

853 **Actually, we're out. Sorry about that.**
申し訳ないのですが、今切らしてるんですよ。すみません。

●I'll buy some after lunch.「ランチの後買ってきます」。

854 **Actually, we're out. Sorry about that.**
申し訳ないのですが、今切らしてるんですよ。すみません。

Knock Test Audio 2 17
最後にノックを聞いて答えよう。

849	850	851	852	853	854

動作に対するアクション◎×ノック
Go ahead. / Acutally...

Coach's Advice では、ふたつ目の「どうぞ」Go ahead. を紹介しましょう。「お先にどうぞ」と間違えやすいが、そうではなくもっと広い意味で使える便利なフレーズ。以下の例を見ればおわかりのとおり、「どうぞ、そうしてください」の意味。例えば May I sit here?「ここ、座ってもよろしいですか？」には Sure. Go ahead.「どうぞ、どうぞ」で。

◎ Sure. Go ahead. でリターンしよう。

Knock	Return (Audio 218)
May I sit here? ここ、座ってもよろしいですか？	855 Sure. Go ahead. どうぞ、どうぞ。
May I use this umbrella? この傘、使ってもよろしいですか？	856 Sure. Go ahead. どうぞ、どうぞ。
May I use this white board? このホワイトボード、使ってもいいですか？	857 Sure. Go ahead. どうぞ、どうぞ。
May I look around here for a minute? ちょっとここ見てもいいですか？	858 Sure. Go ahead. Take your time. どうぞ、どうぞ。ごゆっくり。
May I make a quick phone call? ちょっと電話をしてもよろしいですか？	859 Sure. Go ahead. Take your time. どうぞ、どうぞ。ごゆっくり。
Is it OK if I just check my e-mail on this PC? このパソコンでメールチェックしてもいいですか？	860 Sure. Go ahead. Take your time. どうぞ、どうぞ。ごゆっくり。

Knock Test Audio 219
最後にノックを聞いて答えよう。

855	856	857	858	859	860

May I use
this umbrella?
Actually, I'm gonna
use that one.

Acutally, + 1 文 . Sorry about that. でリターンしよう。

Return

Audio 220

861 **Actually, someone's gonna use that. Sorry about that.**
申し訳ないのですが、誰かこれから使うんですよ。すみません。

862 **Actually, I'm gonna use that one. Sorry about that.**
申し訳ないのですが、これから使うんです。すみません。

●余裕があったら、提案のひとことHow about that umbrella?「あの傘はどうですか？」などと言ってみよう。

863 **Actually, we can't use that one. Sorry about that.**
申し訳ないのですが、それは使えないんです。すみません。

864 **Actually, we can't go in there now. Sorry about that.**
申し訳ないのですが、今は入れないんです。すみません。

●You can't ではなく、We can't としたほうがソフトなニュアンス。

865 **Actually, that doesn't work. Sorry about that.**
申し訳ないのですが、壊れてるんですよ。申し訳ありません。

●Could you do it later?「後でもいいですか？」も覚えておくと便利。

866 **Actually, that doesn't work. Sorry about that.**
申し訳ないのですが、壊れてるんですよ。申し訳ありません。

●not connected to the internet「インターネットに接続していません」でもよいが、doesn't work のほうが包括的。

Knock Test Audio 221
最後にノックを聞いて答えよう。

861	862	863	864	865	866

～ですね。に答える◎×ノック
Yeah. + 1 文 / Well...

Coach's Advice 英語は日本語と違って必ず主語が必要。話を受けて返すときの返事 That sounds good.「それでお願いします」の主語は That。ここでは会話の中で覚えておきたい便利なもうひとつの主語 It's を身につけよう。No.870 ～ 878 や No.876 ～ 878 のように It's はビジネス上のお付き合いでもとてもよく使う表現。

◎ Yeah.（同意）の気持ちでリターンしよう。

Knock	Return (Audio 222)
It's a nice day, isn't it? いい天気ですね。	867 **Yeah. It feels great!** ええ、気持ちがいいですね。 ● It's gorgeous.（素晴らしい天気）。gorgeous のほかに nice、great など。
It's cold today, isn't it? 今日寒いですね。	868 **Yeah. It's terrible.** ええ、これはひどいですね。
It's hot in here, isn't it? ここ暑くないですか？	869 **Yeah. I'm sweating. Maybe we can turn up the AC.** ええ。汗だくですよ。エアコンつけましょうか？ ● AC は air conditioner のこと。
It's pretty slow today, isn't it? 今日は結構暇ですよね？	870 **Yeah. I'm bored. Maybe we can go home early.** ええ、ひまです。今日は早く帰ってもよさそうですね。
It's pretty busy today, isn't it? 今日は結構忙しいですよね？	871 **Yeah. I have so much to do.** ええ。やることいっぱいですよ。
It's a long day, isn't it? 今日は長いですよね。	872 **Yeah. I wanna go home soon.** ええ。すぐにでも家に帰りたいです。

Knock Test Audio 223
最後にノックを聞いて答えよう。

867	868	869	870	871	872

Coach's Advice

ビジネス英語の本当に難しいところは、自分の考えた意見をとっさに英作文してそれを言うこと。いかに言いやすい言い方で、わかりやすく伝えるか、その作文能力が問われるでしょう。この◎×ユニットではその作文能力を鍛えるのによい機会。同意するのは簡単だが、自分の意見や自己表現をしっかり伝えるためにも、Yeah. 以外の返事の練習が必要。ここではWell... で始めて、自分なりの意見を作文して言ってみよう。楽な Yeah. ではなく弾み的な返しにチャレンジしてね。

× Well...（でも～）の気持ちでリターンしよう。

Return Audio 224

873 **Well... it feels a little humid. I wish it were a little warmer.**
でも、ちょっと湿気っぽいですね。でも、もっと暖かいといいですね。

874 **Well... at least it's not raining.**
でも、少なくとも雨は降っていませんから。

●hot で聞かれたときは、Well... at least it's not humid.「でも、蒸し暑くなくてよかったね」など。

875 **Well... at least we have some fans.**
でも、少なくとも扇風機がありますから。

876 **Well... it's gonna be busy tomorrow.**
でも、明日は忙しくなります。

877 **Well... it's gonna be slow next week.**
でも、来週はもっとのんびりになりますよ。

878 **Well... for me it feels like today flew by.**
でも、私にはとても早く感じられました。

Knock Test Audio 225
最後にノックを聞いて答えよう。

873	874	875	876	877	878

謝られたときの◎×ノック
Don't worry about it. / That might be a problem.

Coach's Advice 謝られたときの返事の返し方を Unit 23（→ *p*.60）でやったよね。このユニットではそのレベルアップにチャレンジ。それは、Don't worry about it.「大丈夫ですよ」の後に I'll...「私が～します」を続けて言うこと。Don't worry about it. の 1 文だけでなく、2 文続けて返せることが上級者の証。

◎ Don't worry about it. I'll+1 文でリターンしよう。

Knock	Return (Audio 226)
I'm running late. I'm sorry about that. 遅れそうです。すみません。	879 Don't worry about it. I'll cover for you. 大丈夫ですよ。気にしないで。代わりに行ってあげるよ。
I lost the new client's business card... I'm sorry about that. お客さまの名刺をなくしてしまいました。すみません。	880 Don't worry about it. I'll make a copy for you. 大丈夫。気にしないで。コピーしてあげるよ。
Oh, I left my USB at the office. I'm sorry about that. USB を会社に置いてきてしまいました。すみません。	881 Don't worry about it. I'll get one at the convenience store. 大丈夫だよ。コンビニで買ってきてあげるよ。
I forgot about our meeting. I'm double-booked this afternoon. I'm sorry about that. ミーティングのことを忘れていて、午後に別の予約を入れてしまいました。すみません。	882 Don't worry about it. I'll cover for you. 大丈夫。代わりに行ってあげるよ。
I didn't finish the presentation materials. I'm sorry about that. プレゼンの資料が終わりませんでした。すみません。	883 Don't worry about it. I'll help you. 大丈夫だよ。協力するから。
Oh, no. I don't think I have enough money. I'm sorry about that. マズイ！　お金が足りない！　すみません。	884 Don't worry about it. I'll lend you some. 大丈夫。貸してあげるから。

Knock Test Audio 227
最後にノックを聞いて答えよう。

879	880	881	882	883	884

Coach's Advice

ときにビジネスでは、本当にマズイところを指摘してあげられることが親切になったりもする。常に「大丈夫だよ」ではなく、問題が起きている状況でかけられるフレーズをゲットしよう。オススメなのは、Really? + That might be a problem. +建設的な質問。例えば、Where are you?「どこですか」や What should we do?「どうしましょうか？」など。

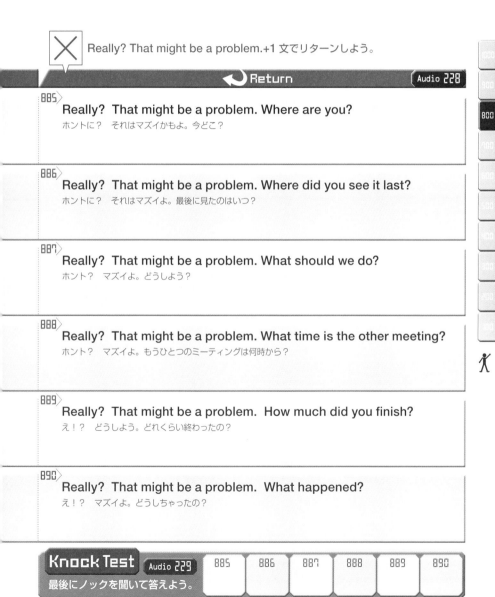

Really? That might be a problem.+1 文でリターンしよう。

Return

Audio 228

885 **Really? That might be a problem. Where are you?**
ホントに？　それはマズイかもよ。今どこ？

886 **Really? That might be a problem. Where did you see it last?**
ホントに？　それはマズイよ。最後に見たのはいつ？

887 **Really? That might be a problem. What should we do?**
ホント？　マズイよ。どうしよう？

888 **Really? That might be a problem. What time is the other meeting?**
ホント？　マズイよ。もうひとつのミーティングは何時から？

889 **Really? That might be a problem. How much did you finish?**
え！？　どうしよう。どれくらい終わったの？

890 **Really? That might be a problem. What happened?**
え！？　マズイよ。どうしちゃったの？

Knock Test Audio 229
最後にノックを聞いて答えよう。

885	886	887	888	889	890

今日中にできる?できない? ◎×ノック
All right. / Actually... + Maybe...

Coach's Advice 会話のやりとりの中では、文をフルセンテンスで答える必要はない。センテンスを省略できるのが会話のいいところ。例えば、Can we talk now?「今、お話することは可能ですか?」には What do you want to talk about? ではなく About what? だけですむ。では文法的な省略について見てみよう。

◎ Sure. / All right. + 5W1H でリターンしよう。

Knock	Return (Audio 230)
Can we talk now? 今話せますか?	891 All right. About what? いいですよ。何について?
Can you translate this? これ訳せますか?	892 All right. By when? いいですよ。いつまでですか?
Can we Skype now? 今スカイプできますか?	893 All right. What's your Skype name? いいですよ。スカイプ名は何ですか?
Can you get lunch for everyone? みんなのランチをお願いしてもいいですか?	894 All right. What would you like? いいですよ。何がいいですか?
Would you mind holding? お待ちいただけますか?	895 All right. About how long will it be? いいですよ。どれくらいかかりそうですか? ● For about how long? も OK
Are you gonna come to the pub now? 今からパブに来ますか?	896 All right. Who else is coming? いいですよ。他に誰が来ます?

Knock Test Audio 231
最後にノックを聞いて答えよう。

891	892	893	894	895	896

Coach's Advice

「～できますか？」「～は可能ですか？」の質問に対して、×のときの返事は No. ではなく、Not now. か I can't right now. の後に建設的な返事を返すこと。今日はできなくても、次にできる日などの候補を伝えられることがビジネスでは大切でしょう。例えば「明日ならできるかも」というときは Maybe tomorrow? で。これも省略して答えられるのがいいところ。そして会話キャッチボールの中しか使えないものがたくさんあるので、会話のラクさを感じながらこの練習を頑張りましょう。

× Actually, I can't right now. ＋１文でリターンしよう。

Return

Audio 232

897 **Actually, I can't right now. Maybe later?**
申し訳ないのですが、今ダメなんです。（もしかして）後でもいいですか？

898 **Actually, I can't right now. Maybe Tina can.**
申し訳ないのですが、今ダメなんです。ティナができるかもしれません。

899 **Actually, I can't right now. Maybe next week?**
申し訳ないのですが、今ダメなんです。来週はどうですか？

900 **Actually, I can't right now. Maybe Tom can.**
申し訳ないのですが、今ダメなんです。トムならできるかもしれません。

901 **Actually, I can't right now. I'll call you back later.**
申し訳ないのですが、今時間がないんです。こちらからかけ直しますね。

902 **Actually, I can't right now. Maybe later tonight.**
申し訳ないのですが、今ダメなんです。今晩遅くなら行けるかもしれません。

Knock Test Audio 233
最後にノックを聞いて答えよう。

897	898	899	900	901	902

just を使う「ちょっと～しようと思いまして」
I just wanted to...

Coach's Advice 「ちょっと」の直訳は a little。でも、「ちょっと～しようと思って」のときは a little ではなく just を使って表現する。普段あまり気づかないかもしれないが、この just =「ちょっと」表現は使用頻度が高いのでぜひゲットしてね。

Knock	Return (Audio 234)
903 ちょっとごあいさつしようと思いまして。	**I just wanted to say hello.**
904 ちょっとお礼を伝えようと思いまして。	**I just wanted to say thanks.** ●もっと大きなことには Thanks a lot. / Thank you so much. も言える。
905 ちょっとお詫びを伝えようと思いまして。	**I just wanted to say sorry.**
906 そろそろ休憩がいるかなと思いまして。	**I just wanted to see if you needed a break.**
907 何かできることがあるかなと思いまして。	**I just wanted to see if you needed help.**
908 ひとつだけ確認したいのですが。	**I just wanna check one thing.** ●動詞として「確認」=confirm でもよいが、目的語があるほうがわかりやすくベターな表現。

Knock Test Audio 235
最後にノックを聞いて答えよう。

903	904	905	906	907	908

In Action Advice

ここでは左ページで覚えたjustの「ちょっと～しようと思いまして」と会話をふられたときに、どうやって返事をするのかチャレンジしてみよう。Thanks. も含めて今まで覚えたフレーズがたくさん使えるはずだよ。

Knock	Return (Audio 236)
909 I just wanted to check one thing. ひとつだけ確認したかったのですが。	Sure. Go ahead. いいですよ。どうぞ。
910 I just wanted to say hello. ちょっとごあいさつしようと思いまして。	Thanks. It's nice to see you. ありがとう。お会いできてうれしいです。
911 I just wanted to say thanks. ちょっとお礼を伝えようと思いまして。	Sure. Anytime. はい。いつでもどうぞ。
912 I just wanted to say sorry. ちょっとお詫びを伝えようと思いまして。	Don't worry about it. It's no big deal. 大丈夫ですよ。たいしたことじゃありませんよ。
913 I just wanted to see if you needed a break. そろそろ休憩がいるかなと思いまして。	I'm fine. Thanks for asking. 大丈夫です。お気持ちだけ。
914 I just wanted to see if you needed help. 何かできることがあるかなと思いまして。	I'm fine. Thanks anyway. 大丈夫です。お気遣いをありがとう。

Knock Test Audio 237
最後にノックを聞いて答えよう。

909	910	911	912	913	914

「わかりません」を意見として伝える
Building up Your Opinion

Coach's Advice 実は、「わかりません」の言い方も何通りもある。まず、ビジネスではI don't know. ではなく I'm not sure. を使えるようになろう。そして、レベルアップとしてI think... で文をつなぐ意見型「わかりません」もゲットしよう。

Knock	Return (Audio 238)
915 わかりません。	I'm not sure.
916 はっきりとわかりません。 （直）100%確かではありません。	I'm not 100% sure.
917 まだはっきりとわかりません。 （直）まだ100%確かではありません。	I'm not 100% sure yet.
918 お答えするには早すぎます。	It's too early to tell. ●主語がIではなく、It'sになる。これはビジネスライクに状況を伝えている表現。
919 お答えするには早すぎると思います。	I think it's too early to tell. ●類義語表現として、It's hard to tell.「お答えするのは難しいですね」。
920 お答えするには早すぎると思いませんか？	I think it's too early to tell, isn't it?

Knock Test Audio 239
最後にノックを聞いて答えよう。

915	916	917	918	919	920

Coach's Advice

ビジネスの場では、答えを迅速に求められることもしばしばあるはず。でも毎回その答えがわかるわけではないので、「わかりません」をビジネスライクに言える技は絶対に必要だ。まず、I don't know. を連発するのは避けよう。I have no idea. もあまりオススメではない。ここでは、I don't know. の代わりになる大事な表現をビルドアップ式でゲットしよう。

Knock	Return
921 場合によります。	**It depends.**
922 場合によると思います。	**I think it depends.**
923 場合によると思いますので、はっきりとわかりません。	**I think it depends so I'm not 100% sure.** ●文末に yet をつけると、「場合によると思いますので、まだはっきりとわかりません」。
924 もっと情報が必要です。	**We need more information.**
925 もっと情報が必要だと思います。	**I think we need more information.**
926 もっと情報が必要だと思いますので、お答えするには早すぎます。	**I think we need more information so it's too early to tell.**

Knock Test Audio 239

最後にノックを聞いて答えよう。

921	922	923	924	925	926

チャットのとっさ 2 ステップ
Yeah. / No. / Not really. + How about you?

Coach's Advice ビジネス会話では Time is money. なので、相手からのとっさの質問にノーマルスピードで返事ができるようになろう。ここでは、Yeah. / No. / Not really. + How about you? で返せる技をマスターしよう。

Knock	Return (Audio 240)
927 Did you have a lot of e-mails today? 今日はメールが多かったですか？	Yeah. / No. / Not really. + How about you? ●CD では回答例をひとつだけ収録しています。
928 (I had a lot today.) Are you gonna work late tonight? 今晩は遅くまで仕事ですか？（残業ですか？）	Yeah. / No. / Not really. + How about you?
929 (Oh, yeah.) Were you busy this morning? 今朝は忙しかったですか？	Yeah. / No. / Not really. + How about you?
930 (Yeah. Just a little.) Are you gonna be busy tomorrow? 明日は忙しいですか？	Yeah. / No. / Not really. + How about you?
931 (Oh, yeah.) Have you been busy this week? 今週は忙しかったですか？	Yeah. / No. / Not really. + How about you?
932 (Not really.) Did you work late last night? 昨夜は遅くまで仕事でしたか？	Yeah. / No. / Not really. + How about you?
933 (Yeah.) Are you gonna go out for lunch today? 今日のお昼は外に行きますか？	Yeah. / No. / I'm not sure. + How about you?

Knock Test Audio 241
最後にノックを聞いて答えよう。

927	928	929	930	931	932	933

Coach's Advice

How about you? は会話キャッチボールの必須フレーズだけれどもひとつだけ落とし穴がある。それは会話のいちばん最初には使えないということ。会話を始めるときに、いきなり How about lunch?「では、ランチはどう?」、How about coffee?「では、コーヒーはいかが?」はダメ。会話の出だしで人に何かをすすめるときは、Would you like... ? (→*p*.118) で始めよう。

Knock	Return
934 (Yeah.) Do you have any plans after work tonight? 今晩は何か予定あります?	Yeah. / No. / Not really. + How about you?
935 (No.) Do you have any plans for this weekend? 今週末は何か予定あります?	Yeah. / No. / Not really. + How about you?
936 (Yeah.) Do you have an iPad? iPad 持ってます?	Yeah. / No. / Not really. + How about you?
937 (No.) Do you bring lunch to the office often? お昼を会社に持ってきたりしますか?	Yeah. / No. / Not really. + How about you?
938 (No.) Do you bring work home often? 家に仕事を持ち帰ったりしますか?	Yeah. / No. / Not really. + How about you?
939 (Yeah.) Do you drink? (お酒は) 飲みますか?	Yeah. / No. / Not really. + How about you?
940 (Not really.) Do you go to the gym often? ジムに行ったりしますか?	Yeah. / No. / Not really. + How about you?

Knock Test Audio 241
最後にノックを聞いて答えよう。

934	935	936	937	938	939	940

チャット3ステップ 自分のことについて答える

Coach's Advice 最後の◎×ノックは、あなた自身についての質問をするよ。きっと日によって、◎の日もあれば×の日もあるはず。ここでは Yes. / Yeah. または No. の返事のあとに必ず補足の1文を言ってみてね。そして最後は How about you? で。

◎ Yes. / Yeah. の気持ちでリターンしよう。

Knock	Return (Audio 242)
Are you gonna be busy tomorrow? 明日忙しいですか？	941 Yes. I'm gonna be swamped. How about you? はい。（仕事が）山積みです。あなたは？
Are you gonna work late today? 今晩は遅くまで仕事ですか？	942 Yes. I need to finish everything before the weekend. How about you? はい。週末の前に全部終わらせないと。あなたは？
Did you work late last night? 昨晩は遅くまで仕事でしたか？	943 Yeah. I worked until the last train. How about you? はい。終電まで働いていました。あなたは？
Do you have an iPad? iPad持ってます？	944 Yeah. But I don't use it very much. How about you? ええ。でもあまり使ってません。あなたは？
Do you have any plans for this weekend? 今週末は何か予定あります？	945 Yeah. I think I'm gonna see a movie with a friend. How about you? はい。友だちと映画を見に行くと思います。 ● I will よりも I'm gonna... をよく使う。
Do you bring lunch to the office often? お昼を会社に持ってきたりしますか？	946 Yeah. Today I brought a bento box from the convenience store. How about you? はい。今日はコンビニのお弁当を持ってきました。あなたは？

Knock Test Audio 243
最後にノックを聞いて答えよう。

941	942	943	944	945	946

Do you have any plans for this weekend?

No. の気持ちでリターンしよう。

Return Audio 244

947 **Not really. It'll be a little slow tomorrow. How about you?**
そうでもないよ。明日はのんびり。あなたは？

948 **No. I need to leave around 6:00. How about you?**
いや。今日は 6 時くらいに帰るよ。あなたは？

949 **No. I went home at about 5:00. I had something to do. How about you?**
いいえ。5 時くらいに家に帰りました。やらなくてはならないことがあったので。あなたは？

950 **No. But I wanna get a tablet PC. How about you?**
持ってないんです。でもタブレット PC が欲しくて。あなたは？

951 **No. I think I'm gonna stay home and clean up my room. How about you?**
いや。家で部屋の掃除をすると思います。あなたは？
⬢部屋（場所）を掃除するのは claen up、ものを掃除するのは clean。

952 **No. I wish I did. How about you?**
いいえ。持ってきたいと思うんですが。あなたは？

Knock Test Audio 245
最後にノックを聞いて答えよう。

947	948	949	950	951	95

Chapter 8

BASIC PRESENTATION SKILLS

プレゼンテーション
準備と本番

では、最後のプレゼンノックです。Chapter 6 では情報についてのプレゼンテーションをやりました。この Chapter 8 では、3 つの理由を組み立てるプレゼンにチャレンジします。まず、準備のページで私と一緒に対話式で骨組みを練習して、それから次のページの本番に進みましょう。

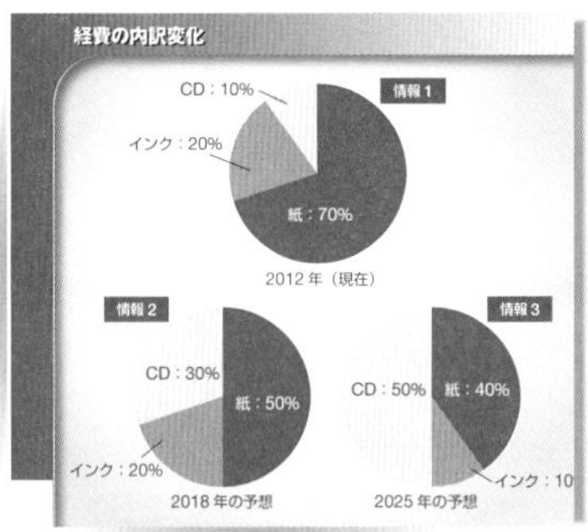

p.200 円グラフの説明

p.208 運送会社の選定理由

100 200 300 400 500

600 700 800 900 1000

3つの理由を組み立てる (1)
業者の選択 <準備>

Coach's Advice このプレゼンは、3つの理由を組み立てるフォーマットで練習するよ。要点を簡潔にわかりやすく述べるには、最初に中身を組み立ててから説明する練習をしよう。まずは、難しい図を説明するのではなく、ウォームアップとして、お花見のメニューにお寿司を推薦する理由を述べてみよう。

お花見のケータリング候補

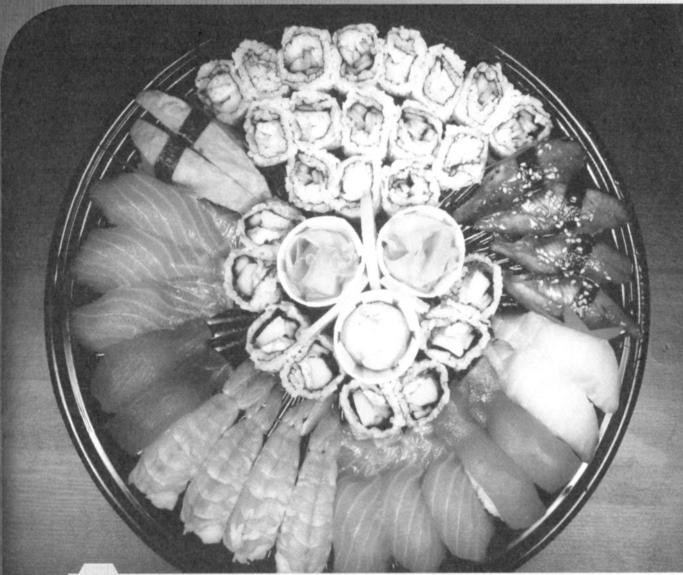

お寿司をすすめる理由

1. 巷での評判がよい
2. 予算経費内
3. お花見シーズンならではのメニュー多数あり

補足メモ

It will be within our budget.
（予算内に収まります）

On all the gourmet internet sites, they have very high ratings.
（グルメサイトでのランクがとても高いです）

They have both typical and original dishes.
（一般的なメニューと独自のメニューを取りそろえています）

Knock	Return (Audio 246)
953 **OPENING 文** 弊社のお花見パーティのためにたくさんのケータリング会社を調べました。	**For our cherry blossom viewing party, I looked at a lot of catering companies.** ●いきなり詳細からスタートするのではなく、何について話すのかのイントロはとっても大切。
954 **MAIN POINT 文** そして3つの理由からこのお寿司の会社を提案します。	**And for 3 reasons I suggest this sushi company.** ●プレゼンの出だしに、最終的な結論を伝えることで、リスナーの理解度がグンと高まる。
955 **理由 1** ひとつ目の理由は、評判がよいことです。	**The first reason is... they have a good reputation.**
956 **理由 2** ふたつ目の理由は、手ごろな値段であることです。	**The second reason is... they have reasonable prices.**
957 **理由3** 3つ目の理由は、季節ならではの絶品のメニューがあることです。	**The third reason is... they have an excellent seasonal menu.**
958 **ENDING 文** 以上の3つの理由により、このお寿司の会社を提案します。ありがとうございました。何か質問はありませんか？	**So, for these 3 reasons I suggest this sushi company. Thank you. Any questions?**

Knock Test Audio 247
最後にノックを聞いて答えよう。

953	954	955	956	957	958

3つの理由を組み立てる (1)
業者の選択 ＜本番＞

お花見のケータリング候補

お寿司をすすめる理由

1. 巷での評判がよい
2. 予算経費内
3. お花見シーズンならではのメニュー多数あり

コーチのお手本プレゼン

Audio 248

For our cherry blossom viewing party, I looked at a lot of catering companies, and for 3 reasons I suggest this sushi company. The first reason is... they have a good reputation. On all the gourmet internet sites they have very high ratings. The second reason is... they have very reasonable prices. It's within our budget. The third reason is... they have an excellent seasonal menu. You'll enjoy it. So for these reasons, I suggest this sushi company.

お花見パーティのためにたくさんのケータリング会社を調べました。3つの理由により、このお寿司の会社を提案します。ひとつ目の理由は、評判がよいこと。グルメサイトなどでも上位にランクインしています。ふたつ目の理由は値段が手ごろであることです。予算経費内に収まります。3つ目の理由は季節ならではの絶品のメニューがあり、これも楽めるでしょう。以上3つの理由によりこの会社を提案します。

本番プレゼン

Audio 249

Coach's Advice では、本番！　私が会議の司会者になってあなたにプレゼンをお願いします。練習したフレーズを組み立ててプレゼンをしてみてください。最初のノックの練習時間は 30 秒。そして Knock Test では 60 秒。

Let's talk about the catering for this year's cherry blossom party.

Knock — Return

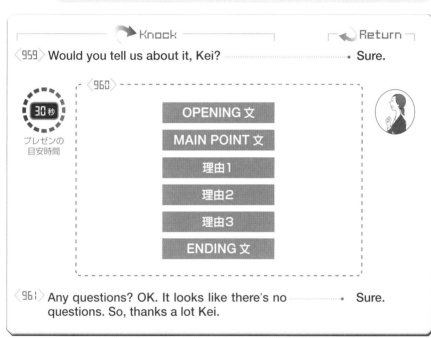

〈959〉 Would you tell us about it, Kei? ………… Sure.

30秒
プレゼンの目安時間

〈960〉

- OPENING 文
- MAIN POINT 文
- 理由1
- 理由2
- 理由3
- ENDING 文

〈961〉 Any questions? OK. It looks like there's no questions. So, thanks a lot Kei. ………… Sure.

●終了 10 秒前に時計の音がスタートします。

訳

今年のお花見パーティの食事の候補について話し合いましょう。

ではケイさん、説明をお願いできますか。　……… はい。

あなたのプレゼン

何か質問はありませんか？　はい。質問はないようですね。　ケイさん、ありがとうございました。 …… はい。

●Knock Test ではプレゼンのポーズ時間を 60 秒に設定しています。補足情報を追加してプレゼンしてみましょう。

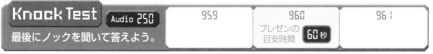

Knock Test Audio 250
最後にノックを聞いて答えよう。

959	960	961
	プレゼンの目安時間 60秒	

3つの理由を組み立てる (2)
業者の選択　<準備>

Coach's Advice もうひとつ、中身を変えてもう一度3つの理由方式でプレゼンしてみよう。プレゼンスタイルは、前のユニットと同じもの。実は、この繰り返しが英会話力をＵＰさせるいちばんの秘訣。今回はサンドイッチのケータリング会社を推薦します。先ほどのお寿司に負けないようなプレゼンをしてみてね。

お花見のケータリング候補

サンドイッチのオードブルをすすめる理由

1. 予算経費内
2. 完璧なケータリングサービス
3. まとめてご注文割引あり　※お花見期間限定

補足メモ

This will be within our budget.
（予算内に収まります）
They take care of the setup and cleanup.
（セッティングと片付けまでやってくれます）
This company is especially famous for their wine and cheese.
（この会社はワインとチーズで有名です）

Knock	Return (Audio 251)
962 **OPENING 文** 弊社のお花見パーティのためにたくさんのケータリング会社を調べました。	For our cherry blossom viewing party, I looked at a lot of catering companies.
963 **MAIN POINT 文** そして3つの理由からこの会社を提案します。	And, for 3 reasons I suggest this company.
964 **理由 1** ひとつ目の理由は、手ごろな値段であることです。	The first reason is... they have reasonable prices.
965 **理由 2** ふたつ目の理由は、完璧なケータリングサービスがあることです。	The second reason is... they have a complete catering service.
966 **理由 3** 3つめの理由は、このシーズン中に特別割引があることです。	The third reason is... they have special discounts during this season.
967 **ENDING 文** 以上の3つの理由により、この会社を提案します。ありがとうございました。何か質問はありませんか?	So for these 3 reasons I suggest this company. Thank you very much. Any questions?

Knock Test Audio 252
最後にノックを聞いて答えよう。

962	963	964	965	966	967

3つの理由を組み立てる (2)
業者の選択 <本番>

お花見のケータリング候補

サンドイッチのオードブルをすすめる理由

1. 予算経費内
2. 完璧なケータリングサービス
3. まとめてご注文割引あり ※お花見期間限定

コーチのお手本プレゼン Audio 253

All right, ladies and gentlemen: for our cherry blossom viewing party I looked at a lot of catering companies, and for 3 reasons I suggest this company. The first reason is... they have reasonable prices. The second reason is... they have a complete catering service. They take care of the setup and the cleanup. And the third reason is... they have special discounts during this season. Also, this company is especially famous for their wine and cheese. So for these reasons, I suggest this company.

みなさん、よろしいですか。お花見パーティのためにたくさんのケータリング会社を調べました。3つの理由により、この会社を提案します。ひとつ目の理由は、手ごろな値段であること。ふたつ目の理由は、(パーティの)最初から最後まで完全なサービスがあることです。セッティングから後片付けまで引き受けてくれます。3つ目の理由は、シーズン中に割引があることです。また、ワインとチーズでも有名な会社です。これらの理由により、この会社を提案します。

本番プレゼン

Audio 254

Coach's Advice 制限時間内は、最初はプレッシャーに感じるかもしれない。でも大切なのは経験数を増やすこと。最初は音声を使わないマイペース学習もおすすめ。

So next we'll talk about this year's cherry blossom viewing party.

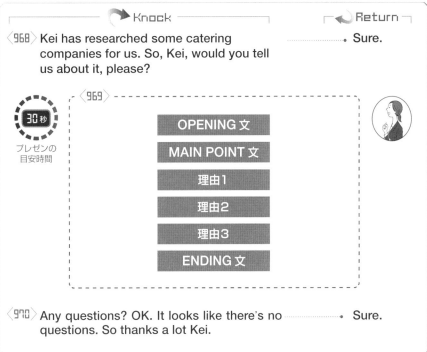

Knock	Return
968 Kei has researched some catering companies for us. So, Kei, would you tell us about it, please?	Sure.

30秒 プレゼンの目安時間

969
- OPENING 文
- MAIN POINT 文
- 理由1
- 理由2
- 理由3
- ENDING 文

Knock	Return
970 Any questions? OK. It looks like there's no questions. So thanks a lot Kei.	Sure.

訳

では次に、今年のお花見パーティの食事の候補について話し合いましょう。
ケイさんがいくつかのケータリング会社を調べてくれました。
ではケイさん、説明をお願いできますか。 ……… はい。

あなたのプレゼン

何か質問はありませんか？ はい。質問はないようですね。 ケイさん、ありがとうございました。 …… はい。

Knock Test Audio 255
最後にノックを聞いて答えよう。

968	969	970
	プレゼンの目安時間 60秒	

円グラフの説明
経費の内訳変化 ＜準備＞

Coach's Advice ノック式プレゼンでみなさんに覚えて欲しいことは、フレーズの暗記ではなく、自分で理由や情報をわかりやすく組み立てて、そして時間内に答えるということ。大切なのはここにあるテーマではなく、基本的なプレゼンのスタイルを身につけること。慣れてきたら、自分の業種のプレゼンにあてはめてみてね。

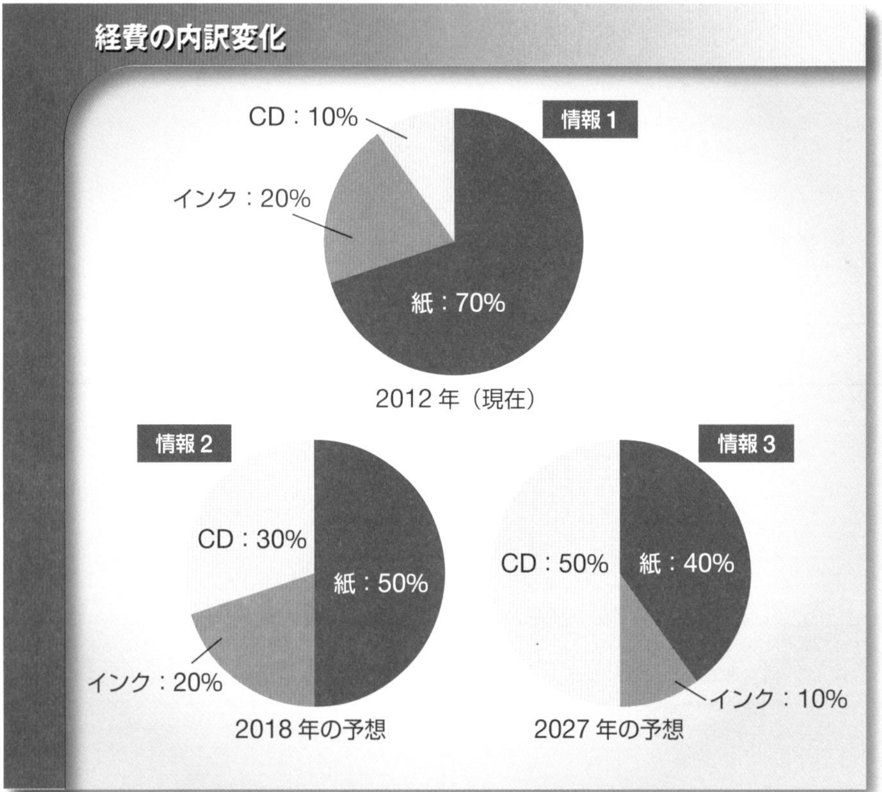

補足メモ

Most of the CDs are CD-ROMs, not music CDs.
（ほとんどの CD は、CD-ROM であり音楽用 CD ではありません）

This is based on domestic prices.
（国内価格に基づいています）

The demand for CDs will increase year by year.
（CD の需要は年々高まる見込みです）

The demand for paper will decrease year by year.
（CD の需要は年々減少する見込みです）

Knock	Return Audio 256
971 **OPENING 文** このグラフは弊社の３つの主要経費を表しています。CD、紙、インクです。	These charts show our 3 main costs: CDs, paper and ink.
972 **MAIN POINT 文** 弊社の CD の経費はこれから 15 年間で劇的に増えるでしょう。	Our CD costs in the next 15 years, will grow dramatically.
973 **理由 1** 2012 年、紙の経費は 70%、インク 20%、そして CD は 10%でした。	In 2012, the cost for paper was 70%, ink 20% and CDs 10%.
974 **理由 2** 2018 年の予測では、紙の経費は 50%、インク 20%、そして CD は 30%になります。	The projection for 2018 is paper 50%, ink 20% and CDs 30%.
975 **理由3** 2027 年の予測では、紙の経費は 40%、インク 10%、そして CD は 50%になります。	The projection for 2027 is paper 40%, ink 10% and CDs 50%.
976 **ENDING 文** このように、弊社にはこの劇的な変化への対応が必要です。	Therefore, we need to plan for this dramatic change.

Knock Test Audio 257
最後にノックを聞いて答えよう。

971	972	973	974	975	976

円グラフの説明
経費の内訳変化 ＜本番＞

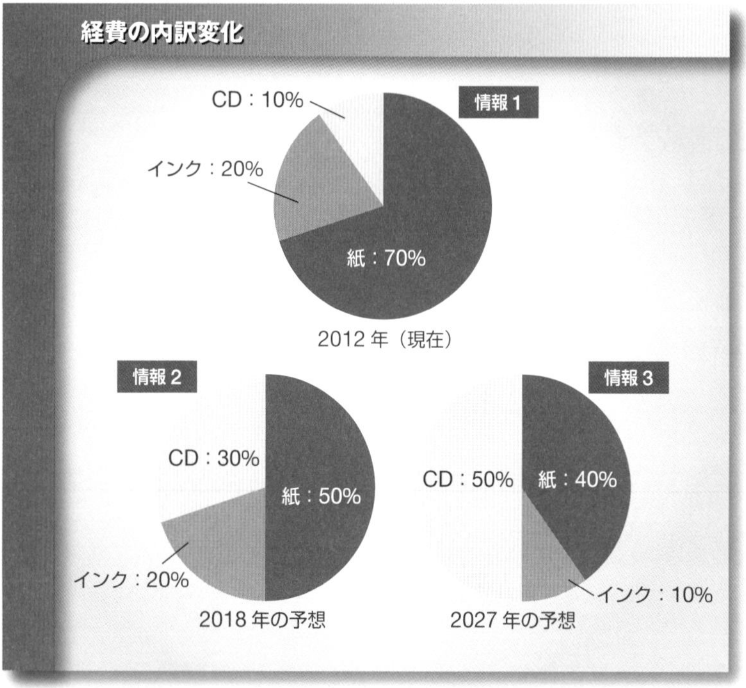

コーチのお手本プレゼン

Audio 258

These charts show our three main costs: CDs, paper and ink. Most of the CDs are CD-ROMs, not music CDs. Our CD costs will grow dramatically in the next fifteen years. In 2012 the cost for paper was 70%, ink 20%, and CDs 10%. The projection for 2018 is paper 50%, ink 20%, and CDs 30%. The projection for 2027 is paper 40%, ink 10%, and CDs 50%. It's a big change, and therefore we need to plan for this dramatic change.

このグラフは 3 つの主要経費を表しています。CD、紙、インクです。ほとんどの CD は音楽用 CD ではなく、CD-ROM です。弊社の CD 経費は今後 15 年間で劇的に増加するでしょう。2012 年、紙のコストは 70%、インク 20%、CD30%でした。2018 年の予測では、紙 50%、インク 20%、CD30%となります。2027 年には、紙 40%、インク 10%、CD50%となります。これは大きな変化となります。ですから、私たちはこの劇的な変化への対応策が必要です。

本番プレゼン

Audio 259

Coach's Advice 紙で情報を羅列するのは簡単だけれども、口頭で話すときは説明やフレーズを厳選してね。図の流れに沿って紹介するとわかりやすくなる。

Next we're gonna talk about costs and we have some research and report from Kei. Kei, you did some research on this.

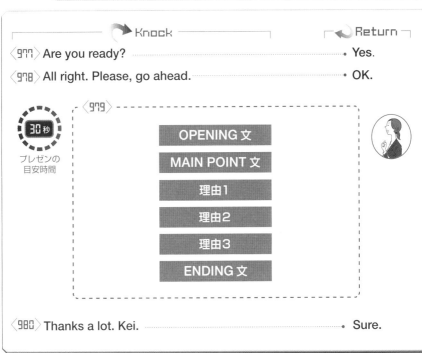

Knock — Return

〈977〉 Are you ready? ………… Yes.

〈978〉 All right. Please, go ahead. ………… OK.

30秒 プレゼンの目安時間

〈979〉

OPENING 文

MAIN POINT 文

理由1

理由2

理由3

ENDING 文

〈980〉 Thanks a lot. Kei. ………… Sure.

訳

次に、経費ついて話し合います。ケイさんから調査とレポートの報告があります。ケイさん、調査してくれたのですよね。

準備はいいですか？ ……… はい。

いいですね。では、どうぞ。 ……… はい。

あなたのプレゼン

ありがとうございました、ケイさん。 ……… はい。

Knock Test Audio 260

最後にノックを聞いて答えよう。

977	978	979 プレゼンの目安時間 60秒	980

折れ線グラフの説明
オンラインショップの売上予測　<準備>

Coach's Advice 以下の折れ線グラフは、オンラインショップの今後の売上予測を表しています。万単位以上の大きな金額の情報が入ってくるので、簡単ではないかもしれないけれど、まずは準備ノックで練習。慣れてきたら、ノックとリターンのページは隠して、音声を聞きながら、グラフだけを見てひとりでプレゼンできるように頑張ってね。

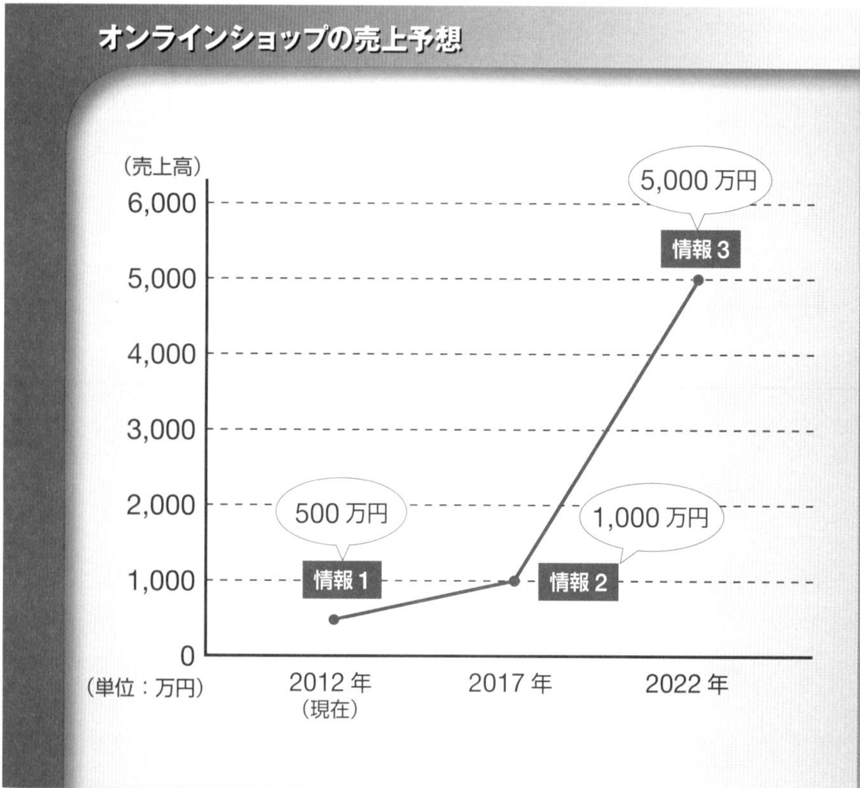

補足メモ

Of course we'll need to update our website regularly.
(もちろんウェブサイトは定期的に更新しなくてはなりません)

And we'll need to create an advertising strategy.
(そして、広告戦略も立てなくてはなりません)

This increase matches the projected increase in internet consumers.
(この増額はインターネットの消費者の増加と一致します)

Knock	Return (Audio 261)
981 **OPENING 文** このグラフは弊社のオンラインの売上予測を表しています。	This graph shows the sales projections for our online shop.
982 **MAIN POINT 文** これから10年間で、弊社のオンラインショップの売り上げは劇的に増えるでしょう。	In the next 10 years, our online sales will grow dramatically.
983 **理由1** 2012年、売上は約500万円(5,000,000)でした。	In 2012 the sales were about 5 million yen.
984 **理由2** 2017年の予測では、約1000万円(10,000,000)になります。	The projection for 2017 is about 10 million yen.
985 **理由3** 2022年の予測では、約5000万円(50,000,000)になります。	The projection for 2022 is about 50 million yen.
986 **ENDING 文** 最終的に、弊社のオンラインの売上はオフラインの売上を追い越すでしょう。	Eventually our online sales will surpass our offline sales.

Knock Test Audio 262
最後にノックを聞いて答えよう。

981	982	983	984	985	986

折れ線グラフの説明
オンラインショップの売上予測 <本番>

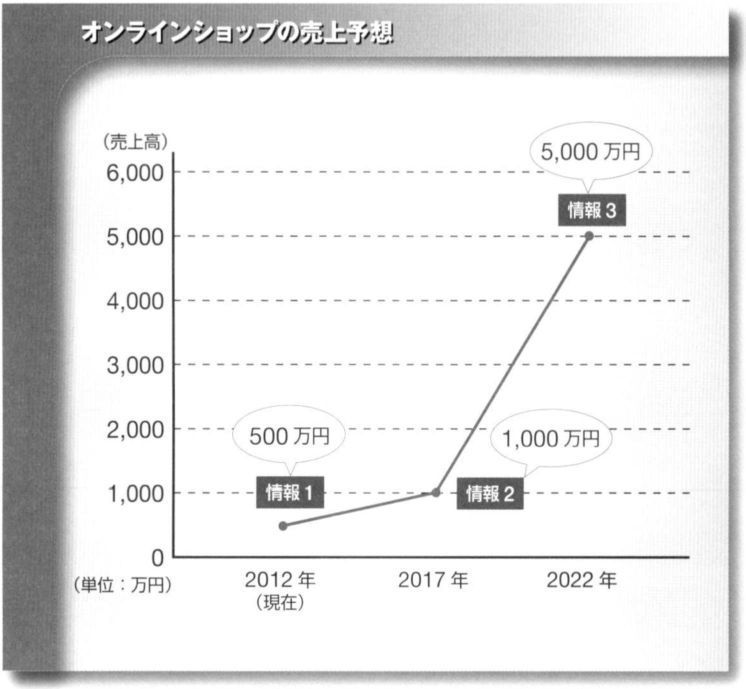

コーチのお手本プレゼン

Audio 263

This graph shows the sales projections of our online shop. In the next ten years, our online sales will grow dramatically. In 2012, the sales were about 5,000,000 yen; the projection for 2017 is about 10,000,000 yen; the projection for 2022 is about 50,000,000 yen. Of course we'll need to update our web site regularly and we'll need to create advertising. Eventually, our online sales will surpass our offline sales.

このグラフは、オンラインショップの売上予測を表しています。今後 10 年間で、オンラインショップの売上は劇的に伸びるでしょう。2012 年、売上は約 500 万円でした。2017 年の予測では、約 1,000 万円になります。2022 年の予測では約 5,000 万円になります。もちろんサイトの定期的な更新や、広告も欠かせません。最終的には、オンラインショップの売上はオフラインの売上を追い越すでしょう。

本番プレゼン

Audio 264

Coach's Advice CDは、終了10秒前になるとチクタクと音がスタートする。時間に追われるというのは英会話上達には欠かせない要素なので、ぜひ有効活用して最後まで頑張って。

Next we'll talk about our online shop. Kei did some research on that.

Knock	Return
〈987〉 Are you ready?	Yes.
〈988〉 Please go ahead.	OK.

30秒 プレゼンの目安時間

〈989〉

OPENING 文

MAIN POINT 文

理由1

理由2

理由3

ENDING 文

〈990〉 Thanks a lot. Kei.	Sure.

訳

次に、オンラインショップでの売上について話し合います。ケイさんが調査をしてくれました。

準備はいいですか？ ……… はい。
いいですね。では、どうぞ。 ……… はい。

あなたのプレゼン

ありがとうございました、ケイさん。 ……… はい。

Knock Test Audio 265
最後にノックを聞いて答えよう。

987	988	989	990
		プレゼンの目安時間 60秒	

メリットを述べる
運送会社の選定理由 <準備>

Coach's Advice いよいよ最後のプレゼンです。ここでは、仮にあなたがこれから採用する運送会社を選定する責任者になったとしましょう。これから採用したい会社をメンバーに伝えます。どうしてこの会社を選んだのか、そのメリットを組み立ててプレゼンしてみてください。

提案する運送会社

Pon-Express をすすめる理由

1. 世界各国に支店あり
2. 各種メディアでの評判がよい
3. 日本に日本語で対応可能なサービスセンターあり

補足メモ

We can contact them in English or Japanese any time.
（いつでも日本語と英語での問い合わせが可能です）

They've won several customer service awards.
（消費者サービス賞を受賞しています）

The only demerit is their prices are a little high.
（価格が少し高いところがデメリットです）

It's especially important to us that they have a branch in Honolulu.
（弊社にとって特に大切なのはホノルルに支店があることです）

Knock	Return (Audio 266)
991 **OPENING 文** いくつかの運送会社から見積もりを入手しました。	I got estimates from several transportation companies.
992 **MAIN POINT 文** 弊社のニーズにはポン・エクスプレスがベストな運送会社だと思います。	For our needs, I think Pon-Express is the best transportation company.
993 **理由 1** ひとつ目の理由は、世界中に支局があることです。	The first reason is... they have branches worldwide.
994 **理由 2** ふたつ目の理由は、メディアでの評判がとても良いことです。	The second reason is... they have a very good reputation in the media.
995 **理由3** 3つ目の理由は、国内にカスタマーサービスセンターがあることです。	The third reason is... they have a domestic customer service office.
996 **ENDING 文** 以上3つの理由により、ポン・エクスプレスを提案します。	So for these 3 reasons I suggest Pon-Express.

Knock Test Audio 267
最後にノックを聞いて答えよう。

991	992	993	994	995	996

プレゼンマスター　メリットを述べる
運送会社の選定理由　<本番>

提案する運送会社

Pon-Express をすすめる理由

1. 世界各国に支店あり
2. 各種メディアでの評判がよい
3. 日本に日本語で対応可能なサービスセンターあり

コーチのお手本プレゼン

Audio 268

I got estimates from several transportation companies and for our needs, I think Pon-Express is the best transportation company. The first reason is... they have branches worldwide. The second reason is... they have a very good reputation in the media and they've won several customer service awards. The third reason is... they have a domestic customer service office. We can contact them in English or Japanese anytime. So for these 3 reasons, I suggest Pon-Express.

いくつかの運送会社から見積もりを入手しました。弊社のニーズには、ポン・エクスプレスがベストだと思います。ひとつ目の理由は世界中に支店があること。ふたつ目の理由は、メディアでの評判がよいこと。消費者サービス賞を受賞しています。3つ目の理由は、国内にカスタマーサービスセンターがあることです。常に日本語でも英語でも連絡をとることができます。これら3つの理由により、ポン・エクスプレスを提案します。

本番プレゼン

Audio 269

Coach's Advice 1000本まであと一息！　私のお手本や補足メモを参考に、自分なりのプレゼンを演出してみて。 You can do it!

All right everyone, we're looking for a new transportation company. Kei did some research on that.

Knock	Return
〈997〉 Are you ready?	Yes.
〈998〉 All right. Please go ahead.	OK.

〈999〉

30秒 プレゼンの目安時間

- OPENING 文
- MAIN POINT 文
- 理由1
- 理由2
- 理由3
- ENDING 文

Knock	Return
〈1000〉 Thanks a lot. Kei.	Sure.

訳

みなさん、弊社では新しい運送会社を探しています。ケイさんが調査をしてくれました。

準備はいいですか？ ……… はい。
いいですね。では、どうぞ。 ……… はい。

あなたのプレゼン

ありがとうございました、ケイさん。 ……… はい。

Knock Test Audio 270
最後にノックを聞いて答えよう。

997	998	999	1000
		プレゼンの目安時間 60秒	

You did it!

1000本達成おめでとう！

Congratulations! 1000本達成おめでとう！　お疲れさまでした。どうでしたか？　英語の「やったぞ」体験はできましたか？　これで、英語が話せる自信と実力が自然に鍛えられたはずです。次のChapterにトークをおまけで用意したので、最後は楽しんで私とトークしてね。

Chapter 9

TALK with STEVE

スティーブとトーク

1000本終わりました。ご苦労さま。では、私と一緒に Cooling down もかねて気軽にトークしましょう。

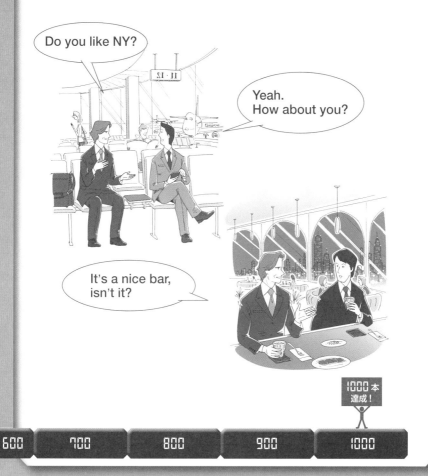

1000本
達成！

600 700 800 900 1000

NY のエアポートラウンジにて
Let's Talk with Steve

Coach's Advice では最後に Cooling down として私とトークしてみましょうか。トレーニングとはちょっと気分を変えて、場所は NY のエアポートです。飛行場のような待ち時間が長い場所は、話しかけられることが多いので、トークするには絶好のチャンスです。では、私から話しかけるので気軽に答えてみてね。

Let's Talk 自分の回答のあとに必ず How about you? をつけて私に返してね。

Steve (Audio 271)	あなた
❶ Hi. こんにちは。	→ 自分の回答
❷ Are you flying to Japan today? 今日、日本に戻るのですか？	→ 自分の回答 + How about you?
❸ Yeah. Do you live in Tokyo? ええ。東京に住んでますか？	→ 自分の回答 + How about you?
❹ Actually, I live in Yamanashi. Have you ever been to the 5 lakes around Mt. Fuji? 実は私は山梨に住んでます。富士山の近くの五湖に行ったことはありますか？	→ 自分の回答 + How about you?
❺ Yeah. So do you like NY? ええ。で、NY は好き？	→ 自分の回答 + How about you?
❻ Yeah. I love NY. What did you do here in NY? Was it business? ええ。NY 好きですよ。NY で何をしてたのですか？　仕事ですか？	→ 自分の回答 + How about you?
❼ I did some research and I saw my little sister. By the way, what do you do? 私は自分の調査をして、妹に会いました。ところで、仕事は何をしていますか？	→ 自分の回答 + How about you?
❽ I'm working in English education. Do you use English often in Japan? 私は英語教育関係の仕事をしています。日本で英語はよく使いますか？	→ 自分の回答 + How about you?
❾ I use English sometimes but mostly Japanese. By the way, do you drink? 英語はときどき使いますが、ほとんど日本語です。ところで、お酒は飲みます？	→ 自分の回答 + How about you?
❿ Yeah. Sometimes. Let's have a beer. ええ。ときどき。では、ビール飲みましょう。	→ END

銀座のバーでアフター5
Let's Talk with Steve

Coach's Advice 次は仕事帰りに寄ったバーに場所を移しましょう。たまたま隣同士になった外国人とトークするなんてシチュエーションはよくあるでしょう。今回は私があなたの隣に座って話しかけるので、トークしてみてね。もうコーチと呼ばなくていいですよ、スティーブと呼んでくださいね。

Steve (Audio 272)	あなた
❶ Hi. How're you doing? こんにちは。調子はどうですか？	→ 自分の回答 + How about you?
❷ Good. I'm Steve. Nice to meet you. いいですよ。スティーブです。はじめまして。	→ 自分の回答 + How about you?
❸ It's a nice bar, isn't it? すてきなバーですね。	自分の回答 + How about you?
❹ Yeah. Do you work in Tokyo? ええ。東京で働いてるのですか？	→ 自分の回答 + How about you?
❺ Yeah, unfortunately. This city is so busy all the time. Do you like Tokyo? ええ、残念なことに。この街はいつも忙しいです。東京は好きですか？	→ 自分の回答 + How about you?
❻ Yeah. I love the restaurants but I prefer the country. Which part of Japanese country side ※ do you like best? ええ。レストランがとても気に入ってますが、田舎のほうが好きです。日本の田舎だとどこがいちばん好きですか？	→ 自分の回答 + How about you?
❼ I like the area around Mt. Fuji. It's beautiful. By the way, how did you learn to use a second language? 富士山の近辺が好きです。美しくて。ところで第二言語はどうやって学んだのですか？	→ 自分の回答 + How about you?
❽ Well... for me, practice, practice, practice. As they say in Japanese「習うより慣れろ」right? Have you been busy recently? いやぁ、私の場合は練習あるのみですね。日本語で「習うより慣れろ」って言いますよね。最近は忙しいですか？	→ 自分の回答 + How about you?
❾ Yeah, very busy. What projects are you doing right now? ええ。とても忙しいです。今はどんなプロジェクトに携わっているのですか？	→ 自分の回答 + How about you?
❿ Well, I'm trying to start 3 new things. An official "English Day" in Japan「英語の日」, and English conversation marathons in Japan, and an English speech contest for people who hate English. What do you think? 私は3つのことを目指しています。日本の公式な「英語の日」、日本での「英会話マラソン」、それから英語が嫌いな人のための「英会話スピーチコンテスト」です。どう思います？	→ 自分の回答 + How about you?
⓫ OK. Here's to the future of the Japan! わかりました。では日本の未来に乾杯！	→ END

※田舎のことは country ではなく、country side で通じる。

著者紹介（プロフィール）

写真／藤田浩司

スティーブ・ソレイシィ（Steve Soresi）

アメリカ、ワシントン D.C. 出身。早稲田大学大学院政治研究科修了。1990 年初来日。岐阜県の学校で英語指導助手を務める。「外国人のための日本語弁論大会」で優勝して以来、テレビほかで活躍。NHK 教育テレビ『スティーブ・ソレイシィのはじめよう英会話』などで人気を博す。また自らが日本語を習得したときの学習法を基に、多数の日本人に英語を教えた経験もプラスして独自の英会話学習アプローチも開発。主な著書に『英会話なるほどフレーズ 100』『英会話ペラペラビジネス 100』（以上アルク）、『難しいことはわかりませんが、英語が話せる方法を教えてください！』（文響社・共著）、『NHK CD BOOK 英会話タイムトライアル とぎれず話す つながるスラスラ英会話』（NHK 出版）、『英会話 1000 本ノック』『英会話 1000 本ノック入門編』『英会話 1000 本ノックビジネス編』（以上コスモピア）など。日本の「英語が使える国の仲間入り」を目指して、セミナーや執筆活動をさかんに行っている。2012 年 4 月から NHK ラジオ『英会話タイムトライアル』の講師を務める。BBT 大学教授。公式サイトは http://www.soreken.jp/

新装版 英会話1000本ノック ビジネス編

2011 年 12 月 20 日　第 1 版第 1 刷　発行
2020 年 7 月 10 日　新装版第 1 刷第1刷　発行

著者／スティーブ・ソレイシィ

装丁・デザイン／松本田鶴子
表紙イラスト／齋藤浩 tpg
表紙写真／藤田浩司
本文イラスト／中村知史
本文写真提供／ iStockphoto.com

校正／王身代晴樹、Ian Martin
ナレーション／ Steve Soresi, Julia Yermakov
DTP ／朝日メディアインターナショナル株式会社

発行人／坂本由子
発行所／コスモピア株式会社
〒 151-0053　東京都渋谷区代々木 4-36-4　MC ビル 2F
営業部　TEL: 03-5302-8378　email: mas@cosmopier.com
編集部　TEL: 03-5302-8379　email: editorial@cosmopier.com
https://www.cosmopier.com　http://www.kikuyomu.com

印刷・製本／シナノ印刷株式会社
音声編集／安西一明
録音／中録サービス株式会社

本書のご意見・ご感想をお聞かせください！

本書をお買い上げいただき誠にありがとうございます。
今後の出版の参考にさせていただきたいので、ぜひ、ご意見・ご感想をお聞かせください（PC またはスマートフォンで下記のアンケートフォームよりお願いいたします）。

アンケートにご協力いただいた方のなかから抽選で毎月 10 名の方に、コスモピア・オンラインショップ（https://www.cosmopier.net/shop/）でお使いいただける 500 円分のクーポンを差し上げます。
（当選メールをもって発表にかえさせていただきます）

アンケートフォーム
https://goo.gl/forms/lxpT6gaaA2exnv192